O TEATRO do *inconsciente*

Jean-Michel Vives

O Teatro do *inconsciente*

*ou como Freud inventou a psicanálise
oferecendo um palco para o desejo*

Copyright © 2022 Aller Editora
Título original: *Le théâtre de l'inconscient ou comment Freud inventa la psychanalyse en offrant une scène au désir.*

Publicado com a devida autorização e com os todos os direitos reservados à Aller Editora.

É expressamente proibida qualquer utilização ou reprodução do conteúdo desta obra, total ou parcial, seja por meios impressos, eletrônicos ou audiovisuais, sem o consentimento expresso e documentado da Aller Editora.

Editora	Fernanda Zacharewicz
Conselho editorial	Andréa Brunetto • *Escola de Psicanálise dos Fóruns do Campo Lacaniano* Beatriz Santos • *Université Paris Diderot — Paris 7* Jean-Michel Vives • *Université Côte d'Azur* Lia Carneiro Silveira • *Escola de Psicanálise dos Fóruns do Campo Lacaniano* Luis Izcovich • *Escola de Psicanálise dos Fóruns do Campo Lacaniano*
Tradução	William Zeytounlian
Revisão	Fernanda Zacharewicz
Capa	Wellinton Lenzi
Diagramação	Sonia Peticov

1ª edição: novembro de 2022

Dados Internacionais de Catalogação na Publicação (CIP)
Ficha catalográfica elaborada por Angélica Ilacqua CRB-8/7057

V842t   Vives, Jean-Michel

         O teatro do inconsciente: ou como Freud inventou a psicanálise oferecendo um palco para o desejo / Jean-Michel Vives; tradução de Luis Izcovich. — São Paulo: Aller, 2022.
         160 p.

         ISBN 978-65-87399-40-9
         ISBN *e-book*: 978-65-87399-43-0
         Título original: *Le théâtre de l'inconscient, ou comment Freud inventa la psychanalyse en offrant une scène au désir*

         1. Psicanálise 2. Freud, Sigmund — 1856-1939 3. Transferência (Psicologia) I. Título II. Izcovich, Luis

22-5650   CDD: 150.195
                                                         CDU 159.964.2

Índice para catálogo sistemático
1. Psicanálise

Publicado com a devida autorização e
com todos os direitos reservados por

ALLER EDITORA
Rua Havaí, 499
CEP 01259-000 • São Paulo — SP
Tel: (11) 93015-0106
contato@allereditora.com.br

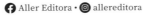
 Aller Editora • allereditora

Dedicatória

Para *Fernanda Zacharewicz*

Nota do tradutor

AO LONGO DE todo o livro, o autor irá fazer uso de diferentes formas do verbo *jouer* (jogar, interpretar, brincar, atuar, representar, encenar), bem como do substantivo *jeu* (jogo, atuação, brincadeira, encenação, mas também peça e papel). Isto apresenta algumas dificuldades de tradução. Em francês, esses termos convêm bastante por permitirem escapar ao inconveniente de outros que, no léxico psicanalítico, têm estatuto privilegiado, tais como "atuar" (como no *acting out*) ou "interpretação" (como na *dos sonhos*). Isto se dá pois o *jeu* francês — como o *play* inglês ou mesmo a *Spiel* alemã — preservou o parentesco entre o jogo especificamente teatral e o *jocus*, a atividade lúdica em termos gerais. Uma vez que toda tradução é solidária a um contexto, optei por indicar entre colchetes a aparição dos termos quando sua solução não for a mais intuitiva.

WILLIAM ZEYTOUNLIAN

Sumário

1. Do "teatro particular" histérico à invenção do palco da transferência — 11

2. Sobre os fundamentos para destacar do palco teatral um cenário de ilusão — 43

3. Personagens psicopáticos no palco: de uma estética da psicanálise... — 57

4. ... a uma estética da cura psicanalítica — 91

5. Personagens adolescentes no palco: um amor de transferência — 117

Anexo
Reminiscências do professor Sigmund Freud — 143
POR MAX GRAF

Do "TEATRO PARTICULAR" histérico à invenção do *palco da transferência*

A REFERÊNCIA ao modelo teatral é bastante presente na teoria psicanalítica desde suas origens. Isto já foi identificado e comentado por inúmeros autores[1]. A insistência e a importância desta referência, inclusive, levaram Antonio Quinet a falar de um inconsciente teatral, bem como a propor a audaciosa fórmula:

---

[1] "É preciso saber que, com efeito, [...] o valor de modelo, ou mesmo de matriz, reconhecido à teatralidade na constituição da análise [...é] um dos operadores metafóricos mais constantes em Freud". LACOUE-LABARTHE, Philippe. "La scène est primitive". In: *Le sujet de la philosophie. Typographies I*. Paris: Aubier-Flammarion, 1979, p. 188. Igualmente, poderiam ser citados os trabalhos de Paul-Laurent Assoun, Alain Didier-Weill, Jean Florence, Christiane Page, François Regnault... ASSOUN, Paul-Laurent. "L'inconscient théâtral: Freud et le théâtre". *Insistance*, n°2, Toulouse: Eres, 2006, p. 27-37. DIDIER-WEILL, Alain. *Invocações: Dionísio, Moisés, São Paulo e Freud*. Rio de Janeiro: Companhia de Freud, 1999. FLORENCE, Jean. "Poétique théâtrale et esthétique freudienne". *Insistance*, n°2, Toulouse: Eres, 2006, p. 39. PAGE, Christiane et al. *Théatre et psychanalyse. Regards croisés sur le malaise dans la civilisation*. Montpellier: éditions l'Entretemps, 2016. REGNAULT, François. *Em torno no vazio: a arte à luz da psicanálise*. Tradução de Vera Ribeiro. Rio de Janeiro: Contra Capa, 2001. REGNAULT, François. *Théâtres — Équinoxes. Écrits sur le théâtre 1*. Arles: Actes Sud, 2001.

"O inconsciente é estruturado como um teatro"[2]. Ao longo do presente trabalho, propomo-nos mostrar em que nos parece mais rigoroso falar de um teatro do inconsciente — porquanto o inconsciente precisa do palco transferencial para poder ser posto em jogo [*mis en jeu*[3]] e responder pelo desejo que o impulsiona a *se interpretar* —, que de um inconsciente teatral. Nossa tese é a seguinte: a transferência — igual ao teatro, mas com a enorme diferença de que o analisante a experimenta sem a distância segura do "como se" próprio à arte da representação dramática — põe em cena uma relação singular que cria um espaço de ficção onde o analisando representa um papel [*joue*], sem saber que o faz, em uma peça já escrita. Assim, para o psicanalista, conduzir a cura consistirá em subir ao palco da transferência que ele mesmo convocou, de modo que o analisante possa se descobrir, ao fim e ao cabo do esgotamento *ad nauseam* dos mesmos *scenarii*, o coautor deste "canevás"[4].

---

[2] QUINET, Antonio. *O inconsciente teatral — Psicanálise e teatro: homologias*. Rio de Janeiro: Atos e Divãs Edições, 2019. p. 17.

[3] Nota do tradutor: a expressão *mettre en jeu* pode denotar, entre outras coisas, "apostar", "arriscar", "colocar em jogo", "se expor", mas, em especial, "representar", "encenar". Aqui, optamos por manter a expressão mais literal, deixando para o leitor o "jogo" com sua polissemia.

[4] No século XVI, o canevás é, em teatro (e particularmente no âmbito da *Commedia dell'Arte*), uma sinopse geral esquematizando as linhas principais do enredo. Geralmente memorizado, por vezes redigido, o canevás especifica cada uma das fases narrativas do desenrolar do espetáculo, sem entrar em detalhes da atuação [*jeu*], das movimentações dos atores ou do conteúdo das réplicas. Seguindo sempre as etapas do canevás, cabe aos atores, portanto, a tarefa de preencher as lacunas com um texto improvisado. Desse modo, o jogo de cena [*jeu*]

Para demonstrar esta proposição, como sempre, uma vez que se trata de evidenciar o desenvolvimento de uma noção em psicanálise, convém fazer sua arqueologia. Como e quando, de fato, esta referência ao teatro surge na obra freudiana? Com frequência, é evocada e citada a famosa carta datada de 15 de outubro de 1897, endereçada ao amigo berlinense Wilhelm Fliess, ao longo da qual o pai da psicanálise desenha os contornos do que se tornará o complexo de Édipo, em referência à célebre tragédia de Sófocles, *Édipo rei*.

> Uma única ideia de valor geral despontou em mim. Descobri, também em meu próprio caso, [o sentimento de]

---

varia a cada representação, ao passo que o canevás permanece estável. Nossa hipótese é que o canevás ocupa, no teatro, o lugar da fantasia inconsciente em psicanálise. Como afirma Lacan, em 1967, "O valor da psicanálise está em operar sobre a fantasia. O grau de seu sucesso demonstrou que aí se julga a forma que assujeita como neurose, perverso ou psicose. Donde se afirma, atentando unicamente para isso, que a fantasia constitui o enquadre da realidade: isso é aí evidente! E seria também impossível de deslocar, não fosse a margem deixada pela possibilidade de exteriorização do objeto *a*". LACAN, Jacques. (1967) "Alocução sobre as psicoses da criança". In: *Outros escritos*. Rio de Janeiro: Jorge Zahar Editor, 2003, p. 364. [NdA]. [Nota do tradutor: No *Dicionário de teatro*, de Patrice Pavis, há uma entrada para "canevas" e a seguinte elucidação: "*Canevas* vem do francês arcaico *chenevas*, tela grossa de cânhamo" e, mais adiante, "o *canevas* é o resumo (o *roteiro*) de uma peça para improvisações dos atores etc.". PAVIS, Patrice. *Dicionário de* teatro. Tradução sob direção de J. Guinsburg e Maria Lúcia Pereira. São Paulo: Perspectiva, 2008, p. 38. Segundo o dicionário Oxford, da ferramenta de pesquisa do Google, o substantivo "canevás" consta dicionarizado e designa um pano grosso para fazer velas, a talagarça de tapeçaria, um bosquejo ou esboço, entre outras coisas. Optamos aqui por utilizar esta forma: "canevás".]

me apaixonar por mamãe e ter ciúme de papai, e agora o considero um acontecimento universal do início da infância [...]. Se assim for, podemos entender o poder de atração do [*Édipo rei*], a despeito de todas as objeções que a razão levanta contra a pressuposição do destino; e podemos entender por que o ["drama do destino"] estava destinado a fracassar tão lastimavelmente. Nossos sentimentos se rebelam contra qualquer compulsão arbitrária individual, como se pressupõe em [*Os ancestrais*[5]] e similares; mas a lenda grega capta uma compulsão que todos reconhecem, pois cada um pressente sua existência em si mesmo. Cada pessoa da plateia foi, um dia, um Édipo em potencial na fantasia, e cada uma recua, horrorizada, diante da realização do sonho ali transplantada para a realidade, com toda a carga de recalcamento que separa seu estado infantil do estado atual.[6]

Não resta dúvidas de que esta referência é importante, pois persistirá até o fim da obra e consistirá, inclusive, em um dos pilares da teoria freudiana. Existe, porém, uma anterior, menos citada, e que não obstante

---

[5] *Die Ahnfrau*, drama de Grillpazer (1817), cujos temas são o incesto e o parricídio. Na ocasião de "Personagens psicopáticos no palco" (1942 [1905-1906]), Freud irá criticar outra obra de teatro: *Die Andere* (O Outra), comédia dramática de Hermann Bahr (1863-1934), que trata dupla personalidade da heroína que experimenta a impossibilidade de se libertar da dependência física em relação a um homem.
[6] FREUD, Sigmund. (1887-1904). *A correspondência completa de Sigmund Freud para Wilhelm Fliess (1887-1904)*. Edição de Jeffrey Moussaieff Masson. Tradução de Vera Ribeiro. Rio de Janeiro: Imago, 1986, p. 273. [Nota do tradutor.: os termos entre colchetes são modificações na tradução para adequar o trecho à citação francesa do autor.]

nos parece bem mais essencial por articular de maneira definitiva psicanálise e teatro a partir da questão da cena transferencial. Esta preciosa articulação aparece em um texto coescrito por Freud, porém não a devemos ao inventor da psicanálise, mas àquela que a tornou possível. É em 1895, por ocasião da publicação dos *Estudos sobre a histeria*, que a fantasia, o devaneio histérico é comparado a um "teatro particular". Falando de Anna O., Josef Breuer apresenta a seguinte proposição:

> Essa garota de vitalidade intelectual transbordante levava, no seio da família de tendência puritana, uma vida extremamente monótona, que ela embelezava de um modo provavelmente decisivo para sua doença. Cultivava sistematicamente o devaneio, que denominava seu "teatro particular".[7]

É interessante notar aqui que é a própria Anna O. quem nomeia esta atividade de "teatro particular", da mesma maneira que já havia qualificado o método catártico de *talking cure* (cura pela fala) ou, mais tendenciosamente, de *chimney sweeping* (limpeza da chaminé). A proposição do "teatro particular" é tanto uma fórmula feliz, como uma intuição de espantosa precisão que, mais uma vez, demonstra quanto Anna O. revela uma inteligência extraordinária em reconhecer o que está

---

[7] FREUD, Sigmund; BREUER, Josef. (1895). "Estudos sobre a histeria". In: *Obras completas, volume 2: Estudos sobre a histeria (1893-1895), em coautoria com Josef Breuer*. Tradução de Laura Barreto. São Paulo: Companhia das Letras, 2016, p. 41.

em jogo no método em vias de ser inventado em parte graças a ela, mas, igualmente, a despeito dela. Efetivamente, o que Breuer propõe a Anna — sem reconhecê-lo, e é desse não reconhecimento que irá nascer o drama — é uma *cena compartilhada* onde o "teatro particular" de sua paciente pode se fazer representar na ocasião das sessões que ela lhe oferece cotidianamente e das quais ele se revelará o espectador fascinado e indefeso. O "teatro particular" falado — gostaríamos que se escutasse: encenado [*joué*] — pela paciente e endereçado a alguém que não é ainda um psicanalista torna-se, no caso de Breuer, uma *representação* e, pelo mesmo motivo, uma cena. Cena na qual o médico é convocado a intervir para que algo possa se desatar. Tudo dependia dessa intervenção, mas a famosa desventura ocorrida com Breuer ao fim da cura catártica de Anna O. demonstra claramente que a simples exposição do "teatro particular" não é suficiente para seu tratamento. Na verdade, enquanto não for corretamente *enquadrada, encenada* [*mise en scène*] e *corretamente interpretada*, a revelação do teatro particular pode rapidamente se transformar em "tragédia sem arte"[8]. É o que Freud relata em sua *Autobiografia* a respeito do brutal cair de cortinas que Breuer tenta impor a Anna O.. Cair de cortinas que convém aqui entender como o fim da peça, mas também como um véu lançado sobre um espetáculo insuportável.

---

[8] Retomo aqui a belíssima fórmula de Denise Maurano. MAURANO, Denise. *A face oculta do amor: a tragédia à luz da psicanálise*. Rio de Janeiro: Imago Ed., 2001.

Depois que o trabalho da catarse parecia concluído, subitamente a garota entrou num estado de "amor transferencial" que ele [Josef Breuer][9] já não relacionou com a doença, e embaraçado [saiu dela].[10]

Recordamos que Josef Breuer, não reconhecendo a dimensão ficcional do que está em vias de se encenar [*jouer*] entre ele e sua paciente, tomando pelo valor de face as manifestações de sua bela paciente, colocará fim brutalmente à peça. Ele sai de cena e "sai dela"[11], fórmula impressionante cuja perturbadora conotação sexual não pode deixar de ser associada ao *coitus interruptus*[12], que

---

[9] Acréscimo do autor.
[10] FREUD, Sigmund. "Autobiografia". In: *Obras completas, volume 16: O eu e o id, 'Autobiografia' e outros textos (1923-1925)*. Tradução de Paulo César de Souza. São Paulo: Companhia das Letras, 2011, p. 102. [Tradução modificada.]
[11] Nota do tradutor: a modificação da tradução visa dar conta do duplo sentido aqui proposto pelo autor: "sair dali", mas, também, "sair de dentro dela".
[12] FREUD, Sigmund. (1895) "Sobre os fundamentos para destacar da neurastenia uma síndrome específica denominada 'neurose de angústia'". In: *Edição Standard brasileira das obras psicológicas completas de Sigmund Freud, volume 3: Primeiras publicações psicanalíticas (1893-1899)*. Rio de Janeiro: Imago, 1976. Lacan comentará esta questão em seu seminário sobre a angústia da seguinte maneira: "Com efeito, a intuição inicial de Freud levou-o a situar uma certa fonte de angústia no *coitus interruptus*, no qual, pela própria natureza das operações em curso, o instrumento é evidenciado em sua função e, de repente, privado, na medida em que se supõe que o orgasmo significa uma satisfação comum. [...] O sujeito pode chegar à ejaculação, mas é uma ejaculação do lado de fora, e a angústia é provocada pelo fato de o instrumento ser posto fora do jogo no gozo. A subjetividade focaliza-se na queda do falo." LACAN, Jacques. (1962-1963) *O seminário,*

interessava Freud àquela época. Este desfecho infeliz que Josef Breuer, envergonhado e preocupado com sua reputação, manterá em segredo, está na própria origem do reconhecimento do teatro do inconsciente: a transferência é uma ficção[13] particular e paradoxal pois é vivida pelo analisando como se não fosse uma ficção. A partir daí, é importante que, nesta cena, o parceiro analista, de sua parte, não se esqueça desta essencial dimensão ficcional da transferência. O afeto é verdadeiro, mas ele intervém em um canevás que transcende os protagonistas. A ficção se encontra, portanto, no próprio âmago do dispositivo analítico e se articula à questão da transferência na medida em que esta precisa do palco transferencial para poder ser não apenas *posta em cena* [*mise en scène*], mas também, e sobretudo, *interpretada* de modo que, da repetição daquilo que fracassou, brote uma modalidade inédita de ser.

É o que Lacan aborda na ocasião de seu *Seminário 8*, quando afirma que

---

livro 10: A angústia. Tradução de Vera Ribeiro. Rio de Janeiro: Jorge Jorge Zahar Editor Editor, 2005, p. 186.

[13] Ficção cujo desfecho precipitado no caso de Anna O. deve-se ao não reconhecimento da dimensão sexual em seu estatuto, ao qual o médico vienense, mesmo depois da publicação dos *Estudos sobre a histeria*, jamais irá aderir, como nos revela Ernest Jones em sua biografia ao narrar que, depois de uma conferência de seu jovem amigo sobre a etiologia sexual das neuroses na faculdade de medicina, Breuer faz um caloroso elogio do trabalho, mas logo acrescenta: "Não acredito numa única palavra disso". JONES, Ernest. (1953). *A vida e a obra de Sigmund Freud, volume 1: Os anos de formação e as grandes descobertas (1895-1900).* Tradução de Júlio Castañon Guimarães. Rio de Janeiro: Imago, 1989, p. 259.

chegamos aqui ao ponto onde a transferência aparece como, falando propriamente, uma fonte de ficção. Na transferência, o sujeito fabrica, constrói alguma coisa. E a partir daí, não é possível, parece-me, não integrar imediatamente à função da transferência o termo ficção. Em primeiro lugar, qual é a natureza dessa ficção? Por outro lado, qual o seu objeto? E, tratando-se de ficção, o que é que se finge? E, já que se trata de fingir, para quem?[14]

Qual é a natureza desta ficção? pergunta-se Lacan. Em um primeiro plano, responderemos que esta ficção transferencial articula o passado e a atualidade em forma de reminiscência, não de lembrança. "O histérico sofre sobretudo de reminiscências"[15], já nos advertia Freud em 1895, nos *Estudos sobre a histeria*. A reminiscência deve ser entendida aqui como o retorno no presente de um evento do passado vivido na atualidade do presente e não reconhecido como passado. É um passado ultrapassado, poderíamos dizer, que está, nesse sentido, pré-ocupando o presente[16]. Assim sendo, a reminiscência opõe-se à lembrança que a ela se des-

[14] LACAN, Jacques. (1960-1961). *O seminário, livro 8: A transferência*. Tradução de Dulce Duque Estrada. Rio de Janeiro: Jorge Zahar Editor, 1992, p. 176.
[15] FREUD, Sigmund; BREUER, Josef. (1895) "Estudos sobre a histeria". In: *Obras completas, volume 2: Estudos sobre a histeria (1893-1895)*, em coautoria com Josef Breuer. Tradução de Laura Barreto. São Paulo: Companhia das Letras, 2016, p. 25, grifos no original.
[16] Nota do tradutor: o autor faz um jogo de palavras com um *"passé indépassé"* — passado ultrapassado, superado, obsoleto, desatualizado — *"pré-occupant le présent"* — ocupando e inquietando o presente.

vela como ultrapassada. O histérico — e, aliás, todo analisando no palco da transferência — padeceria de ser assombrado por essas reminiscências, essas lembranças inesquecíveis. Mesmo que não tenha consciência deles, esses traços que não puderam ser apagados o animariam, gerando a uma relação com a memória caracterizada por "lacunas". É tão somente a restituição ao passado destas reminiscências[17] que as transformará em lembranças, permitindo à memória reencontrar seu funcionamento e autorizando, por isso mesmo, enfim, o esquecimento. Uma nota acrescentada por Freud em 1922 ao relato da cura do Pequeno Hans, conduzida vários anos antes, de janeiro a maio de 1908, esclarece perfeitamente este processo.

> Ao ler seu caso clínico, disse ele [o Pequeno Hans][18], tudo lhe pareceu novo, ele não se reconheceu ali, não podia lembrar-se de nada [...]. Portanto, a análise não havia preservado os acontecimentos da amnésia, mas sucumbido ela própria à amnésia.[19]

Este esquecimento nos indica que a rememoração proposta pela psicanálise permite ao passado recuperar seu estatuto de ultrapassado e que se esqueça o que

---

[17] Trata-se do que, mais acima, chamamos de "canevás".
[18] Acréscimo do autor.
[19] FREUD, Sigmund. (1922). "Pós-escrito à análise do Pequeno Hans". In: *Obras completas, volume 8: O delírio e os sonhos na Gradiva, Análise da fobia de um garoto de cinco anos e outros textos (1906-1909)*. Tradução de Paulo César de Souza. São Paulo: Companhia das Letras, 2015, p. 284.

preocupava o presente. Ali onde estava o passado inultrapassável, a lembrança — e, portanto, a possibilidade de esquecer — deve advir, poderíamos dizer parafraseando Freud.

Freud apresenta aqui a existência de um regime de memória próprio ao inconsciente. Esta forma de memória é a única a não se submeter ao dano do tempo que passa. Tal modalidade estranha da memória, com sua inalterabilidade, será abordada novamente muitas outras vezes pelo pai da psicanálise. O texto que a desenvolve mais explicitamente talvez seja o situado no primeiro capítulo de "O mal-estar na civilização". Freud ali retoma o desenvolvimento de Roma para possibilitar a seu leitor representar o que pode ser a conservação integral do passado e, portanto, a relação entre memória e esquecimento:

> superamos o erro de achar que nosso [...] esquecimento significa uma destruição do traço mnemônico [...]. Façamos agora a fantástica suposição de que Roma não seja uma morada humana, mas uma entidade psíquica com um passado igualmente longo e rico, na qual nada que veio a existir chegou a perecer, na qual, juntamente com a última fase de desenvolvimento, todas as anteriores continuam a viver.[20]

---

[20] FREUD, Sigmund. (1931) "O mal-estar na civilização". In: *Obras completas, volume 18: O mal-estar na civilização, Novas conferências introdutórias à psicanálise e outros textos (1930-1936)*. Tradução de Paulo César de Souza. São Paulo: Companhia das Letras, 2010, p. 20-22.

Freud avança ainda mais e nos propõe imaginar todos os monumentos que se sucederam em um dado lugar em Roma coexistindo ali simultaneamente.

> Nisso, bastaria talvez que o observador mudasse apenas a direção do olhar ou a posição, para obter um ou outra dessas visões.[21]

O texto, no entanto, continua por uma constatação de fracasso, pois é evidente que "um mesmo espaço não admite ser preenchido duas vezes"[22], de modo que a única justificação para esta tentativa seja que "[ela nos mostra] como estamos longe de dominar as peculiaridades da vida psíquica por meio da representação visual"[23]. Freud chega a falar aqui de uma "brincadeira ociosa" [*jeu futile*], tanto lhe parece inútil tentar representar aquilo que é da ordem do tempo no espaço e aquilo que é da ordem do psiquismo por objetos materiais. Ainda que o texto comece num tipo de alegria triunfante, de objeção em objeção, de concessão em concessão, ele termina por se fechar numa modesta, mas esclarecedora, proposição:

> Talvez devêssemos nos contentar em afirmar que o que passou *pode* ficar conservado na vida psíquica, não tem *necessariamente* que ser destruído. [...] Podemos tão só nos ater ao fato de que a conservação do

---

[21] *Idem*, p. 23.
[22] *Idem, ibidem*.
[23] *Idem, ibidem*.

passado na vida psíquica é antes a regra do que a surpreendente exceção.[24]

Freud evoca uma "arqueologia imaginária" própria ao modelo psicanalítico que suporia a conservação absoluta de cada um dos elementos materiais da cidade de Roma em seu estado primeiro no mesmo lugar em que, na realidade, na história, no tempo, outros elementos se substituíram e sobrepuseram ali. O que está em questão para ele é insistir no caráter intacto do passado, na permanência do passado no inconsciente, fornecer uma intuição daquilo que, no entanto, não se deixa realmente representar em uma imagem visual. Se Freud recorreu ao que chama de "exemplo aproximativo", é porque tenta fazer o leitor captar o que é a conservação de traços no inconsciente, apesar de não haver uma intuição sensível que possa corresponder a ela.

Freud continuará esta reflexão em um texto de 1937, "Construções em análise"[25], no qual descreve o trabalho do analista como consistindo em descobrir o que foi recalcado a partir de índices que se exprimem no presente, em construí-lo, para depois comunicá-lo ao paciente. Nessa ocasião, uma aproximação arqueológica intervém outra vez:

---
[24] *Idem.*, p. 24.
[25] FREUD, Sigmund. (1937) "Construções em análise". In: *Obras completas, volume 19: Moisés e o monoteísmo, Compêndio de psicanálise e outros textos (1937-1939)*. Tradução Paulo César de Souza. São Paulo: Companhia das Letras, 2018, p. 327-344.

Seu trabalho [o do analista[26]] de construção — ou, se preferirem, de reconstrução — mostra uma ampla coincidência com o do arqueólogo, que faz a escavação de uma localidade destruída e enterrada ou de uma edificação antiga.[27]

Como o psicanalista é um arqueólogo cujo material continua parcialmente vivo, ele trabalha em melhores condições e dispõe da vantagem de algum material auxiliar, pois se ocupa de algo ainda presente[28], não de um objeto destruído:

> a principal diferença entre eles [os dois métodos[29]] consiste em que, para a arqueologia, a reconstrução é a meta e o fim dos esforços, e, para análise, a construção é apenas um trabalho prévio.[30]

De fato, para a psicanálise, se o passado está recalcado — recalcamento que convém diferenciar do

---

[26] Acréscimo do autor.
[27] FREUD, Sigmund. (1937) "Construções em análise". In: *Obras completas, volume 19: Moisés e o monoteísmo, Compêndio de psicanálise e outros textos (1937-1939)*. Tradução Paulo César de Souza. São Paulo: Companhia das Letras, 2018, p. 330.
[28] Nota do tradutor: "Quelque chose encore présent" se traduz, literalmente, "algo ainda presente". Vale notar, porém, sua homofonia com a expressão "quelque chose en corps présent": "algo *de corpo* presente".
[29] Acréscimo do autor.
[30] FREUD, Sigmund. (1937) "Construções em análise". In: *Obras completas, volume 19: Moisés e o monoteísmo, Compêndio de psicanálise e outros textos (1937-1939)*. Tradução Paulo César de Souza. São Paulo: Companhia das Letras, 2018, p. 332.

esquecimento —, ele retorna no presente de onde fora excluído sem, no entanto, ser reconhecido como passado. Para a psicanálise, passado e presente nunca são delimitados muito claramente, e o segundo pode, com frequência, encontrar-se pré-ocupado pelo primeiro, o que a cena da transferência coloca muito bem em evidência uma vez que, na ficção transferencial, o passado *se põe em jogo* [*se met en jeu*] no presente.

Partindo daí, convém distinguir dois tipos de memória: aquela da qual se fala no sentido comum, que é possível adquirir na ocasião de certas experiências que permaneceram conscientes e que irá se desgastar com a passagem do tempo, e outra, especial, que constitui a memória tal como Freud nos propôs compreendê-la, na qual aquilo que é reencontrado não sofreu o desgaste do tempo, permaneceu tão vivo e atual quanto em sua primeira inscrição. Nesta última memória, o que se inscreve permanece inacessível à consciência, aparece como um esquecimento na vida do sujeito, permanece inconsciente, mas não cessa de retornar nos sonhos, sintomas e, é claro, no palco da transferência. Dessa perspectiva, o que se figura no palco da transferência é uma recomposição desses traços guardados, sem indicadores temporais, em épocas diferentes. No quadro da cura analítica, lidamos com algo que foi memorizado, mas não indexado temporalmente. No curso do trabalho analítico, tratar-se-á de, pela descoberta[31]

---

[31] Esta ideia de que convém decifrar a transferência retorna com frequência na pena de Freud. Uma de suas ocorrências se encontra no relato do caso Dora: "Interpretar os sonhos, extrair os pensamentos e

[*en devinant*³²] do "canevás" que *se interpreta* no palco transferencial, restituir a história que é contada para recobrir suas lacunas e produzir um saber do qual o sujeito não se sabia o detentor. É o que Lacan formulará assim:

> O inconsciente é o capítulo de minha história que é marcado por um branco ou ocupado por uma mentira: é o capítulo censurado. Mas a verdade pode ser resgatada; na maioria das vezes, já está escrita em outro lugar. Qual seja:
>
> - nos monumentos: e esse é meu corpo, isto é, o núcleo histérico da neurose em que o sintoma histérico mostra a estrutura de uma linguagem e se decifra como uma inscrição que, uma vez recolhida, pode ser destruída sem perda grave;
> - nos documentos de arquivo, igualmente: e esses são as lembranças de minha infância, tão impenetráveis quanto eles, quando não lhes conheço a precedência;

---

lembranças inconscientes das associações do paciente e outras artes de tradução semelhantes não são difíceis de aprender: nelas o próprio doente sempre fornece o texto. Já a transferência temos que descobrir quase sem ajuda, com base em coisas mínimas e evitando inferências arbitrárias". FREUD, Sigmund. (1905). "Análise fragmentária de uma histeria (O caso Dora)". In: *Obras completas, volume 6: três ensaios sobre a teoria da sexualidade, Análise fragmentária de uma histeria ("O caso Dora") e outros textos (1901-1905)*. Tradução de Paulo César de Souza. São Paulo: Companhia das Letras, 2016, p. 313.

³² Nota do tradutor: em francês, *deviner* também significa "adivinhar", no sentido mais intuitivo. Mantivemos aqui a solução proposta por Paulo César de Souza: "descobrir".

- na evolução semântica: e isso corresponde ao estoque e às acepções do vocabulário que me é particular, bem como ao estilo de minha vida e a meu caráter;
- nas tradições também, ou seja, nas lendas que sob forma heroicizada veiculam minha história;
- nos vestígios, enfim, que se conservam inevitavelmente as distorções exigidas pela reinserção do capítulo adulterado nos capítulos que o enquadram, e cujo sentido minha exegese restabelecerá.[33]

Disso é possível afirmar que a ficção transferencial aparece quando a lembrança está inacessível e, em seu lugar, advém a reminiscência: esta construção ficcional é uma modalidade de lembrança. O que Freud enuncia em 1914, no texto "Lembrar, repetir e perlaborar":

> podemos dizer que o analisando não se *lembra* de mais nada do que foi esquecido e recalcado, mas ele *atua* com aquilo. Ele não o reproduz como lembrança, mas como ato, ele *repete* sem, obviamente, saber que o repete. [...] Enquanto ele permanecer em tratamento, ele não se libertará mais dessa obsessão da repetição; *[finalmente], entendemos*[34] que esse é o seu modo de lembrar.[35]

---

[33] LACAN, Jacques. (1953). "Função e campo da fala e da linguagem em psicanálise". In: *Escritos*. Tradução de Vera Ribeiro. Rio de Janeiro: Jorge Zahar Editor, 1998, p. 260-261.
[34] Grifo do autor.
[35] FREUD, Sigmund. (1914) "Lembrar, repetir e perlaborar". In: *Fundamentos da clínica psicanalítica*. Tradução de Claudia Dornbusch. Belo Horizonte: Autêntica, 2020, p. 154-155. [Nota do tradutor:

A formulação freudiana "[finalmente], entendemos que esse é o seu modo de lembrar" mostra de forma clara o esforço que lhe foi necessário para compreender como aquilo com que se joga e se encena [*joue*] no palco transferencial é uma forma de atualização do canevás inconsciente e que aquilo que ele antes considerara uma vergonha a seu anseio científico[36], revela-se na verdade o próprio desafio [*enjeu*] da cura.

Qual é o objeto desta ficção transferencial? pergunta-se Lacan. Esta ficção permite colocar em ato [*mettre en acte*] o que não se pode relembrar e é aqui que a dimensão da cena teatral assume toda sua importância. Esta ficção irá desenhar uma cena na qual os protagonistas, que são o psicanalista e o analisando, deverão entrar. Foi aceitando subir ao palco da transferência, e nele sustentando o papel necessário ao desencadeamento transferencial, sem, no entanto, *tomar-se pelo tal* [*se prendre pour*], que Freud inventou a psicanálise e liberou seu método dos impasses de sugestão e sedução que ainda tentavam de maneira essencial o método catártico. Com efeito, Freud não apenas permanecerá

---

modificamos a tradução de modo a ressaltar os elementos comentados a seguir pelo autor.]

[36] "E, de fato, quanto maior for a nossa experiência, tanto menos poderemos nos opor a essa correção, que envergonha o nosso rigor científico. [...] A esse fato novo, que reconhecemos a contragosto, demos o nome de *transferência*". FREUD, Sigmund. (1916-1917). "Conferências introdutórias à psicanálise — Aula 27". In: *Obras completas, volume 13: Conferências introdutórias à psicanálise (1916-1917)*. Tradução de Sérgio Tellaroli. São Paulo: Companhia das Letras, 2014, 585, grifo no original.

para a revelação, por vezes vergonhosa, do teatro particular, como proporá um "desvelamento artístico do tecido do inconsciente"[37] aceitando, de certa maneira, "jogar" e "encenar"[38] [*jouer*] na cena da transferência que ele mesmo convocou. Abandonando o simples "dar a ver" do corpo histérico que goza, caro a seu mestre Charcot[39], Freud irá se empenhar, fazendo uso da alavanca da dinâmica transferencial, em organizar uma encenação [*mise en scène*], sob transferência, do teatro particular de seus pacientes, de modo a dissolvê-lo. A transferência, assim, é o que permite "desmontar" o teatro histérico.

Como Lacan, com efeito, recorda pertinentemente:

> O discurso analítico se instaura por essa restituição de sua verdade à histérica. Bastou dissipar o teatro na histeria.[40]

---

[37] É a Max Graf, o pai do "Pequeno Hans", que devemos esta lindíssima definição do que é uma análise. GRAF, Max. (1942). "Réminiscences du professeur Sigmund Freud". In: *Œuvres Complètes, volume 14*. Paris: P.U.F. 2000, p. 458.

[38] É esse jogo [*jeu*] que permitirá, por uma série de inversões dialéticas, que se opere o processo de cura psicanalítica: o eu [*moi*] abandona seus investimentos imaginários para se abrir ao inconsciente, definido como "discurso do Outro", o que propus anteriormente chamar de canevás. LACAN, J. (1951) "Intervenção sobre a transferência". In: *Escritos*. Rio de Janeiro: Jorge Zahar Editor, 1998, p. 214-225.

[39] DIDI-HUBERMAN, Georges. (1982) *Invenção da histeria. Charcot e a iconografia fotográfica da Salpêtrière*. Tradução de Vera Ribeiro. Rio de Janeiro: Jorge Zahar Editor, 2015.

[40] LACAN, Jacques. (1971) *O seminário, livro 18: De um discurso que não fosse semblante*. Tradução de Vera Ribeiro. Rio de Janeiro: Jorge Zahar Editor, 2009, p. 146.

A partir daí, a transferência é apresentada por Freud como

> uma mudança total de cena, como se um jogo fosse interrompido por uma realidade repentinamente presente, como se durante uma apresentação de teatro soasse o alarme de incêndio.[41]

A metáfora teatral claramente apresenta aqui uma intrusão, na cena ficcional da transferência, do real do amor[42] que convirá tratar como uma atualização *irreal* do desejo na cena analítica, a fim de desfazer o teatro da histeria. Pois

> o principal recurso para conter a compulsão à repetição no paciente e reconfigurá-la num motivo para a lembrança encontra-se no manejo da transferência. Tornamos a compulsão inócua, até mesmo inútil, na medida em que lhe damos o direito de se esbaldar em uma determinada área. Abrimos a transferência para ela como sendo [*um tipo de arena*][43], onde ela tem autorização para se desenvolver com liberdade quase total [...].[44]

---

[41] FREUD, Sigmund. (1914) "Observações sobre o amor transferencial". In: *Fundamentos da clínica psicanalítica*. Tradução de Claudia Dornbusch. Belo Horizonte: Autêntica, 2020, p. 169.

[42] Ao longo de todo o seu texto "Observações sobre o amor transferencial", Freud insiste na dimensão autêntica do amor de transferência.

[43] Grifo do autor. [Nota do tradutor: modificamos a tradução de modo a ressaltar os elementos comentados a seguir pelo autor.]

[44] FREUD, Sigmund. (1914) "Lembrar, repetir e perlaborar". In: *Fundamentos da clínica psicanalítica*. Tradução de Claudia Dornbusch. Belo Horizonte: Autêntica, 2020, p. 160.

Para Freud, a cena teatral — ou melhor, a arena, que sabemos abrir-se a um espetáculo que raramente termina bem, pois acarreta a morte de pelo menos um dos protagonistas[45] — também aqui está no âmago do dispositivo da cura, mas não para ilustrá-la, senão para denunciá-la como espaço de ilusão... incontornável.

Pois, como Freud lembra em 1912, "ninguém pode ser abatido *in absentia* ou *in effigie*"[46]. Para dizê-lo de outra forma, a transferência necessita, para se desenrolar e se interpretar, que o psicanalista aceite entrar na arena da transferência *in presentia*. Isso não quer dizer, contudo, que ele deve entrar nela para encenar [*jouer*] seu próprio papel, mas sim que ele aceite "suportar" a transferência. Tão logo senta em sua poltrona — que não é a poltrona de um expectador, mas sim de um diretor —, o psicanalista aceita emprestar sua marionete ao paciente sem, contudo, tornar-se um joguete [*jouet*]. Este com certeza é um paradoxo essencial e não o observar com precisão prejudica toda possibilidade de poder conduzir de forma correta a cura: como pude mostrar em outro lugar, a transferência revela um *trompe l'œil*[47],

---

[45] Com essa imagem da arena, Freud parece antecipar a ideia lacaniana de que a posição do analista, na cura, pega muita coisa emprestada da morte.

[46] FREUD, Sigmund. (1912) "Sobre a dinâmica da transferência". In: *Fundamentos da clínica psicanalítica*. Tradução de Claudia Dornbusch. Belo Horizonte: Autêntica, 2020, p. 118.

[47] Nota do tradutor: *trompe l'œil* é um recurso técnico de perspectiva utilizado para criar, por meio de uma ilusão de ótica, a percepção de tridimensionalidade. Em tradução literal, a expressão significa "engana o olho".

e não um erro[48]. A análise do artifício transferencial é a via real que conduz ao (ir)real do inconsciente. Ou, para dizê-lo em termos freudianos:

> Mantemos a transferência amorosa, [mas] a tratamos como algo irreal [...][49]

"Algo irreal" [*non réel*] que não implica que seja sem importância, mas sim que se situa próximo daquilo que Lacan chamou de *irreal* [*irréel*]. Irreal, não no sentido comum, daquilo a que faltaria realidade, mas a segundo a noção que Lacan lhe dá em 1964, em seu *Seminário 11*:

> O irreal não é de modo algum imaginário. O irreal se define por se articular ao real de um modo que nos escapa.[50]

Ou então, no mesmo ano, em "Posição do inconsciente":

> o irreal não é o imaginário e precede o subjetivo que ele condiciona, por estar diretamente às voltas com o real.[51]

---

[48] VIVES, Jean-Michel. (2006). "Forma e figura da transferência". In: COUTINHO JORGE, Marco Antonio. (org.) *Lacan e a formação do psicanalista*. Rio de Janeiro: Contra Capa, 2018, p. 121-129.
[49] FREUD, Sigmund. (1914) "Observações sobre o amor transferencial". In: *Fundamentos da clínica psicanalítica*. Tradução de Claudia Dornbusch. Belo Horizonte: Autêntica, 2020, p. 174, grifos do autor. [Tradução modificada.]
[50] LACAN, Jacques. (1964). *O seminário, livro 11: Os quatro conceitos fundamentais da psicanálise*. Tradução de M.D. Magno. Rio de Janeiro: Jorge Zahar Editor, 1988, p. 195.
[51] LACAN, Jacques. (1964). "Posição do inconsciente". In: *Escritos*. Tradução de Vera Ribeiro. Rio de Janeiro: Jorge Zahar Editor, 1998, p. 861.

Irreal é a transferência ao passo que, articulando-se ao real do inconsciente, se encenaria [jouerait] contudo num espaço de ilusão. Essa noção — que é quase um hápax pois, pelo que sabemos, nós a encontramos com esse sentido apenas duas vezes na obra lacaniana — parece-nos particularmente esclarecedora por dar conta das implicações [enjeux] e dos efeitos da ficção transferencial. Lacan diferencia o irreal do imaginário sem, contudo, torná-lo um equivalente do próprio real, ainda que este se articule "de um modo que nos escapa". O irreal é pré-subjetivo, seria inclusive a condição para o subjetivo, e tocaria o real sem, porém, confundir-se com ele. A partir disso, podemos sustentar que a ficção transferencial é irreal ao passo que articula o sujeito do desejo em sua dimensão de surreição real [surrection réelle] e sua colocação em representação [mise en représentation] em um espaço de ilusão. A constituição da cena transferencial seria a consequência de uma compulsão à representação [compulsion de représentation] própria ao funcionamento psíquico[52]: nela se revela, portanto, o lugar onde se encena [joue] — difratada tanto no conjunto

---

[52] Desde o *Projeto para uma psicologia*, de 1895, Freud oferece uma modelização da atividade psíquica sobre a qual insistirá ao longo de sua vida. O pai da psicanálise modeliza o psiquismo a partir do processo de representação do Real ao que, por conseguinte, o mundo só existe se for representado e, portanto, realidade. O sujeito representa, põe em cena [met en scène] nas fantasias, sua tradução do Real que se torna um mundo de representações, um mundo representado. FREUD, Sigmund. (1895) "Projeto para uma psicologia científica". In: *Edição standard brasileira das obras psicológicas completas de Sigmund Freud, volume 1: Publicações pré-psicanalíticas e esboços inéditos (1886-1889)*. Rio de Janeiro: Imago, 1996.

de personagens (presentes, como o analista, e ausentes, como as figuras de amor e ódio), quanto nos elementos cenográficos (o espaço do consultório, mas, por que não?, a rua) — a condição humana inconsciente.

A tese que sustentamos é de que o teatro — e particularmente esse teatro singular que é a cena da transferência — presentifica mais do que estrutura o inconsciente. Ou, para dizê-lo com ainda mais precisão: a cena na qual se (re)encena [(re)*joue*] o canevás inconsciente por meio da transferência, e que dá ao inconsciente a possibilidade de se representar, é menos uma qualidade do inconsciente que sua necessária e incontornável modalidade de expressão[53]. A cena analítica na qual o teatro particular é recolocado em jogo [*remis en jeu*] é, nós o vimos, aquela que se oferece à transferência a fim de que a compulsão à repetição possa fazer irromper um saber até então insabido. Reencontramos aqui o poder de uma ficção que, utilizada corretamente, terá efeitos reais.

A esse respeito, na *Terceira*, Lacan introduz uma indicação preciosa, permitindo-nos compreender o que implica, para o psicanalista, jogar e encenar [*jouer*] no palco da transferência:

> Não há um único discurso cujo semblante não leve ao jogo [*jeu*]. Não vemos como o último que surgiu, o

---

[53] "[Finalmente], entendemos que esse é o seu modo de lembrar", admite Freud em 1914, em "Lembrar, repetir e perlaborar". O "finalmente" indica muito bem o esforço de perlaboração que o pai da psicanálise consentiu realizar para chegar a essa conclusão tão surpreendente quanto perturbadora.

discurso analítico, escaparia disso [...]. Portanto, sejam mais descontraídos, mais descontraídos, quando vocês receberem alguém que vem lhes pedir uma análise. Não se sintam obrigados a bancar os maiorais. Mesmo bufões vocês estão justificados a ser. Basta assistirem à minha *Televisão*. Eu sou um palhaço. *Sigam nisso meu exemplo: não me imitem!*[54]

O semblante e o palhaço. Por que Lacan nos propõe seguir o exemplo do palhaço que ele é sem, contudo, imitá-lo...?[55] Talvez porque, sendo o palhaço aquele que "anda (realmente) mascarado"[56], escondido atrás da pequenina máscara que é o nariz vermelho, ele é também aquele que denuncia por seu exagero o semblante

---

[54] LACAN, Jacques. (1974) *La troisième*. Paris: Navarin, 2021, p. 15, grifos do autor. [Nota do tradutor: versão feita a partir do original francês — "Il n'y a pas un seul discours où le semblant ne mène le jeu. On ne voit pas comment le dernier venu, le discours analytique, y échapperait [...]. Alors, soyez plus détendus, plus détendus, quand vous recevez quelqu'un qui vient vous demander une analyse. Ne vous sentez pas si obligés à vous pousser du col. Même comme bouffons, vous êtes justifiés d'être. Vous n'avez qu'à regarder ma *Télévision*. Je suis un clown. *Prenez exemple là-dessus, et ne m'imitez pas!*"]

[55] Quanto à segunda parte da proposição, não é seguro que Lacan tenha sido atendido. Quantos analistas não o imitaram ao limite da caricatura e, com isso, deixaram de seguir seu exemplo que localizou na cena analítica a questão da singularidade estilística *inimitável* do analista. Sobre esse tema consultar DIDIER-WEILL, Alain. (2001) *Quartier Lacan — Testemunhos sobre Jacques Lacan*. Rio de Janeiro: Companhia de Freud, 2007 e IZCOVICH, Luis. (org.) *La pratique de Lacan*. Paris: Denoël, 2020.

[56] Em francês, *avancer masqué* significa "esconder o jogo" [*cacher son jeu*] ou "dissimular suas intenções".

que é. Um semblante que se autodestruiria no próprio instante em que se apresenta... Jacques Copeau, importante dramaturgo francês da primeira metade do século XX, apaixonou-se cedo pelo circo. Em 1916, encantou-se com o espetáculo dos irmãos Fratellini[57], dos quais foi admirar o número [jeu] cinco vezes, a cada noite renovada pelas reações do público:

> Certa noite, um de seus *lazzi* desencadeia o riso sonoro e prolongado de uma senhora da galeria. O palhaço se deteve de supetão e, virado de perfil, com as sobrancelhas erguidas e sem se mexer, encarou fixamente a gargalhadora. Como a mulher ria cada vez mais, ele não parava de olhar para ela. Em seguida, retomou o exercício e, naquela noite, não fez nada que não fosse em função desta cumplicidade na sala. O sabor de seu jogo [jeu] havia se multiplicado.[58]

Através dessa anedota, Copeau ilustra dois elementos que são próprios ao palhaço: de um lado, essa capacidade essencial de "estar" e "ser com" [*d'être avec*] o público (a qual permite a integração de elementos imprevistos na construção do espetáculo *in vivo* e, portanto, não agir contra, mas com o real[59]); de outro, esta

---

[57] Famosos palhaços da primeira metade do século XX.
[58] COPEAU, Jacques. *Registre III — Les Registres du vieux colombier, tome 1*. Paris: Gallimard, 1979, p. 319.
[59] Parafraseando uma famosa réplica de Sacha Guitry, o lema do analista palhaço poderia ser: "Je suis contre le réel, tout contre...".
[Nota do tradutor: A expressão chistosa do ator francês joga com dois sentidos de *contre*: *être contre*, "ser contra" e *tout contre*, "bem pertinho",

oscilação cativante do ator entre ele mesmo e sua personagem. O analista, como o palhaço, está inteiramente presente para o outro apesar da — ou, talvez, graças à — sua atenção flutuante. Atenção flutuante que permite ao primeiro, o analista, localizar aquilo que "não bate" no discurso e, ao segundo, o palhaço, apropriar-se de toda manifestação vinda da cena ou do espaço fora do palco para dar suporte ao jogo [*jeu*]. Além disso, o palhaço propõe um "personagem" sem confundi-lo em nada com ele, chegando a denunciá-lo no próprio instante em que se apresenta. Essa talvez seja uma das orientações essenciais que Lacan nos oferece sobre o manejo da transferência. Não mais "ser ou não ser", mas "ser **e** não ser" o personagem que intervém no palco da transferência. O analista palhaço é aquele que pode ocupar os lugares necessários aos movimentos dialéticos da transferência sem, contudo, se perder no personagem e no lugar aos quais é convocado pelo canevás do analisando. A dimensão clownesca do manejo da transferência, devido à sua natureza não naturalista, indica que o analista, captado na transferência, é antes uma ficção do que uma função.

Outra vez, é necessário notar que não é o inconsciente que é teatral, mas sua manifestação, particularmente sob a forma transferencial. Transferência que deve ser compreendida como "a colocação em ato da realidade do inconsciente"[60]. Definição, em última análise, muito

---

"juntinho". Se de nossa parte pudéssemos também parafrasear, proporíamos algo como: "Mulher, para mim, só contra: en-contra".]
[60] LACAN, Jacques. (1964). *O seminário, livro 11: Os quatro conceitos fundamentais da psicanálise*. Tradução de M.D. Magno. Rio de Janeiro: Jorge Zahar Editor, 1988, p. 139. [Nota do tradutor: a versão

próxima daquilo que Freud pôde desenvolver em 1914, mas que, pela introdução da ideia de colocação em ato [*mise en acte*], associa o êxito da cura à possibilidade de *recolocação em jogo* [*remise en jeu*] daquilo que "terei construído" a partir do que "terei interpretado" do desejo enigmático do Outro.

Ademais, é essa qualidade de colocação em ato [*mise en acte*] que torna possível o "jogo" [*jeu*], abrindo-se à formulação de um "Terei pois sido isto" [*J'aurai donc été cela*]. O que Lacan sintetiza em seu estilo inimitável:

> O que se realiza em minha história não é o passado simples daquilo que foi, uma vez que ele já não é, nem tampouco o perfeito composto do que tem sido naquilo que sou, mas o futuro anterior do que terei sido para aquilo em que me estou transformando.[61]

De fato, Freud não havia proposto a suas pacientes, já em 1895, que transformassem "sua miséria histérica em infelicidade comum"[62]? Essa já não seria uma indicação

---

estabelecida foi modificada. Na formulação original, Lacan diz "le transfert est la mise en acte de la réalité de l'inconscient". Na tradução brasileira, o tradutor propôs "a transferência é a atualização da realidade do inconsciente", provavelmente buscando a "atuação" nos ecos da "atua(liza)ção". Em todo caso, nos pareceu convir reequilibrar a ênfase do axioma sublinhando a dimensão teatral evocada por Vives.]

[61] LACAN, Jacques. (1953). "Função e campo da fala e da linguagem em psicanálise". In: *Escritos*. Tradução de Vera Ribeiro. Rio de Janeiro: Jorge Zahar Editor, 1998, p. 301.

[62] FREUD, Sigmund; BREUER, Josef. (1895). "Estudos sobre a histeria". In: *Obras completas, volume 2: Estudos sobre a histeria (1893-1895), em coautoria com Josef Breuer*. Tradução de Laura Barreto. São Paulo: Companhia das Letras, 2016, p. 427.

preciosa para nos fazer compreender que, uma vez desfeito o drama e esgotado o canevás, o sujeito só pode retornar à sua condição de ser para a solidão para com ela lidar? Mas como?

Em 1913, no texto "O interesse da psicanálise", Freud aponta uma direção que permite delinear uma resposta a essa pergunta:

> Como a realidade convencionalmente admitida, em que, graças à ilusão artística, símbolos e formações substitutivas podem suscitar *afetos verdadeiros*[63], a arte constitui um reino intermediário entre a realidade que frustra os desejos e o mundo da fantasia que os satisfaz, um âmbito em que permanecem em vigor, por assim dizer, as aspirações de onipotência da humanidade primitiva.[64]

A arte, em estreita correlação com o desejo, constitui para Freud um campo intermediário capaz de provocar "afetos verdadeiros". Essa ideia de autenticidade dos afetos seria, portanto, comum à relação que permite engendrar a arte, mas também a transferência. Ainda que ambas não se confundam, a transferência permitiria que se desenhasse uma cena de ilusão paradoxal na qual seriam experimentados "afetos verdadeiros" que, na cena do teatro, conhecerão destinos diferentes. Nesta última, o espectador *gozará* [*jouira*] sentado em

---

[63] Grifo do autor.
[64] FREUD, Sigmund. (1913) "O interesse da psicanálise". In: *Obras completas, volume 11: Totem e tabu, Contribuição à história do movimento psicanalítico e outros textos (1912-1913)*. São Paulo: Companhia das Letras, 2012, p. 359-360.

sua poltrona, ao passo que, no palco da transferência, o analisando *padecerá [pâtira]* até que, por falta de atores, a cena seja desmontada e a peça tenha *esgotado* todas as combinações dramatúrgicas do canevás que a ficção transferencial oferecia. Pois, outra vez: "ninguém pode ser abatido *in absentia* ou *in effigie*"[65].

Vemos aqui que a ilusão artística teatral e a ilusão transferencial são de natureza bem distinta e que é importante notar as especificidades de cada uma. A cena transferencial revelaria, como vimos anteriormente, um regime de ilusão que convoca o irreal, ao passo que, por sua vez, a cena teatral instalaria um espaço de ilusão ao qual as pessoas vão para gozar [*jouir*] do fato de que, malgrado o saibam, podem acreditar naquilo que se assistem[66].

---

[65] FREUD, Sigmund. (1912) "Sobre a dinâmica da transferência". In: *Fundamentos da clínica psicanalítica*. Tradução de Claudia Dornbusch. Belo Horizonte: Autêntica, 2020, p. 118.

[66] Um comentário acerca do jogo teatral [*jeu*] de Sarah Bernhardt, que Freud viu interpretar o papel [*jouer le rôle*] de Théodora na peça homônima de Vitorien Sardou, no teatro da porte-Saint-Martin, em Paris, evidencia essa crença específica ao teatro. Diz ele: "Não posso falar muito bem da peça, *Théodora*, de Victorien Sardou (que já escreveu uma *Dora*, uma *Fedora*, e que, é o que se diz, escreve atualmente uma *Thermidora*, uma *Ecuadora* e uma *Torreadora*). É um nada cheio de pompa, com um palácio magnífico, trajes bizantinos, o incêndio de uma cidade, desfiles de guerreiros e tudo o mais que tem direito, mas mal e mal uma palavra digna de ser retida. Quanto às personagens, são completamente sem sal". Na verdade, o interesse de Freud se detém na presença viva e fascinante na cena de Sarah Bernhardt: "Já a atuação [*jeu*] dessa Sarah! Desde as primeiras réplicas desta voz vibrante e adorável tive a impressão de que eu sempre a conheci. Nunca uma atriz me surpreendeu tanto: *logo de cara me vi pronto para acreditar em tudo o que ela dizia...*". FREUD, Sigmund. (1873-1939) "Lettre à Martha Bernays du 8 novembre 1885". In: *Correspondance*. Paris: Gallimard, 1979, p. 192, grifo do autor.

Sobre os
FUNDAMENTOS
para destacar
do palco teatral um
cenário de *ilusão*
denominado
palco transferencial

NESSE SEGUNDO capítulo, nós nos deteremos em distinguir o funcionamento do palco transferencial do funcionamento do palco teatral, tal como nós o conhecemos desde o século XVI na Europa, a fim de precisar sua singularidade, partindo da definição psicanalítica da noção de ilusão.

Foi na Itália do Renascimento que se afirmou, no nível da configuração do espaço cênico, uma vontade de se orientar para uma verdadeira ilusão teatral. Engenheiros, pintores de decoração e cenógrafos dedicaram-se, nesse momento, a construir um espaço que, visual e idealmente, não poderia ser distinguido pelo espectador do espaço real que era representando. A visada ilusionista desse tipo de cenografia é um dos pontos culminantes da pesquisa pictórica sobre a perspectiva: como, sobre uma superfície plana, dar a ilusão de volume e enganar o olho [tromper l'œil]? O enquadre da cena pelo manto de Arlequim[1] e a ribalta, a aparição da cortina, tudo isso

---

[1] Nota do tradutor: o manto de Arlequim [manteau d'Arlequin] é um conjunto característico da cena italiana constituído por cortinas móveis pintadas, localizadas à frente e ao fundo da cena, que

aproxima o espaço do teatro e o quadro: espaço fechado, autônomo, que pretende fazer esquecer que é uma construção artística, isto é, de convenção. A perfeição da arte, seja do pintor, seja do cenógrafo, será fazer esquecer sua arte, fazer que não possamos diferenciar a obra e seu modelo; será criar a ilusão mais perfeita possível.

A anedota a respeito do falso ateliê de pintor de Antonio Forbera (1686) que o presidente de Brosses[2], no século XVIII, pôde admirar no convento da ordem cartuxa de Villeneuve, e que hoje podemos ver no museu Calvet, em Avignon, ilustra perfeitamente essa tese.

Quando o presidente de Brosses se aproxima do que acredita ser um cavalete de artista sobre o qual estariam dispostos desenhos, esboços e pinturas, ele tem de início um momento de completa ilusão; em seguida, quando quer pegar um dos desenhos, apercebe-se de que tudo aquilo é um único quadro inteiramente pintado a óleo. Aqui, a pintura consegue fazer crer que ela não é mais pintura; ela consegue se "neutralizar". Para isso é preciso que o objeto representado seja apresentado por completo. "Não falta nada!", exclama em um primeiro tempo o espectador fascinado por esse tipo de obra.

O que se impõe aqui é mais da ordem da figuração (*Darstellung*) do que da representação (*Vorstellung*).

Assim, a *Darstellung* atualiza uma quase presença e busca satisfazer a visada do desejo. Na cena transferencial,

---

permitem aumentar e diminuir o espaço cênico conforme as necessidades da companhia.

[2] DE BROSSES (1739-1740) *Lettres d'Italie du Président de Brosses*. Paris: Le Mercure de France, 1986. p. 67.

O [termo] alemão *Vorstellung* implica, de fato, a presença de uma imagem que forma um quadro diante do sujeito, ao passo que *Darstellung* pode ser compreendido como o pôr o pensamento do sonho em imagem (sua 'posição' num 'aqui', '*stellung*', '*da*').*

---

*KAUFMANN, Pierre. (org.) *Dicionário enciclopédico de psicanálise: o legado de Freud a Lacan*. Tradução de Vera Ribeiro. Rio de Janeiro: Jorge Zahar Editor, 1996, p. 207 (verbete "Figuração").

é ela que estaria em manobra: nada falta a esse amor... se ele não deve ser satisfeito. E é justamente por essa satisfação impossível que a transferência poderá revelar, em última instância, sua dimensão irreal. No campo do teatro, é a Gian Lorenzo Bernini, grandioso artista da Roma barroca, que faremos referência. Não a Bernini enquanto o célebre escultor que deteve a atenção de Lacan quando da elaboração da questão do gozo no *Seminário 20*[3], mas a Bernini enquanto homem do teatro, por mais que essa parte de sua obra seja bem menos conhecida. De fato, conhecemos pouco sobre o amor deste artista pelos palcos. De 1635 a 1644 leva ao palco uma dezena de peças nas quais a dimensão visual é essencial e teoriza a arte da encenação que, àquela época, era essencialmente cenográfica[4]. Cenógrafo, dramaturgo, ator, ele multiplica suas criações num ritmo frenético e, logo em seguida, para. Os testemunhos[5] que nos chegaram mostram que a lembrança dessas criações teatrais se propagou de maneira bem estranha. O nome das obras foi quase apagado. Seus temas, perdidos de vista: do que foi encenado [*joué*] restaram somente indicações do que seduziu e espantou o espectador. A "comédia do fogo", a "comédia da inundação"... Por que essas nomeações estranhas? Devemos a Gérard

---

[3] LACAN, Jacques. (1972-1973) *O seminário, livro 20: Mais, ainda*. Tradução de M.D. Magno. Rio de Janeiro: Jorge Zahar Editor, 1985.
[4] REY-FLAUD, Henri. "D'une dramaturgie à l'autre". In: *Pour une dramaturgie du Moyen Âge*. Paris: P.U.F., 1980, p. 170-172.
[5] FRÉART DE CHANTELOU, Paul. (1665) *Journal du voyage du cavalier Bernin en France*. Aix-en-Provence: Pandora, 1981.

Macé[6] nossa melhor compreensão daquilo que Bernini tenta convocar ao palco. A cenografia barroca se preocupa até as raias da obsessão com os efeitos de "real" de seu teatro: importa convocar a ilusão mais perfeita e confundir o espectador com essa virtuosidade. Teatro pensado, por meio do *trompe l'œil*, com espelhos suspensos e artifícios imersivos, para convocar um espaço de representação que viria, idealmente, sobrepor-se ao real. A natureza é falsificada pelo artifício até o ponto em que ficaria, idealmente, difícil diferenciá-las.

Por exemplo: há relatos de que, na *Comédia da inundação*, o Tibre transborda até, no limite, quase molhar a primeira fila de espectadores, provocando gritos de pavor. É só no último momento que surge uma barreira entre o público e a água. No ano seguinte, acontece a encenação do incêndio do teatro que leva à fuga dos espectadores. Reza a lenda que teria havido um morto. Era necessário que a ilusão fosse arrebatadora! No último momento, tão logo a multidão literalmente tomada de pânico se salva, um cavalheiro sobe ao palco. O ator se põe a gritar às pessoas do público que o incêndio é um artifício e que elas não precisam se preocupar. Reencontramos aqui a imagem do incêndio no teatro utilizada por Freud[7]. Se para Freud, no entanto, trata-se da irrupção do real dos afetos no palco da transferência, no caso de Bernini e do palco do teatro trata-se

---

[6] MACÉ, Gérard. *Rome ou le firmament*. Cognac: Éd. Le temps qu'il fait, 2006.
[7] FREUD, Sigmund. (1914) "Observações sobre o amor transferencial". In: *Fundamentos da clínica psicanalítica*. Tradução de Claudia Dornbusch. Belo Horizonte: Autêntica, 2020, p. 169.

da convocação de uma ilusão que visa se fazer passar por real. Essa diferença é enorme. No teatro barroco oferecido por Bernini, o espectador vem brincar [*jouer*] com passar medo, mas a relação com a dimensão ficcional permanece sempre presente, ainda que os cronistas perpetuem com pormenores o mito da crença e da adesão absoluta dos espectadores. Aliás, é interessante nos determos um pouco nessa insistência: por que encontramos com tanta frequência, nos relatos de obras de ficção *representadas*, o testemunho que houve espectadores crédulos o bastante para aderir totalmente à ficção, capturando-se a ponto de morrer?

Quanto a isso, em sua obra *Comment parler des faits qui ne se sont pas produits?*[8], Pierre Bayard interroga essa necessidade de acreditar que o sujeito pode ser capturado pela ficção a ponto de não a diferenciar mais da realidade. Com isso, Pierre Bayard se empenha em demonstrar como a lenda a respeito do pânico que teria criado a transmissão radiofônica na qual Orson Welles simulara uma invasão marciana não passaria de uma invenção jocosa e calculada sustentada por jornalistas e, depois, repetida até virar "verdade".

> Com o passar dos anos, e com os jornais e livros se copiando mutuamente, o boato — cuidadosamente sustentado por um Orson Welles extasiado com a oportunidade — segundo o qual a transmissão teria mergulhado os Estados Unidos no pânico não cessou de aumentar,

---

[8] BAYARD, Pierre. *Comment parler des faits qui ne se sont pas produits?* Paris: Éditions de Minuit, 2020.

a ponto de se transformar em referência incontestável. Em diversas obras, mesmo nas mais sérias e até recentemente, são evocadas cenas emblemáticas como engarrafamentos gigantescos, ataques cardíacos e suicídios.[9]

Tal pânico, porém, nunca aconteceu. É o que Pierre Lagrange demonstra em seu trabalho *La guerre des mondes a-t-elle eu lieu?* [10], da qual Pierre Bayard retoma as conclusões:

> Diversos elementos explicam que a transmissão de Orson Welles, na realidade, não provocou qualquer movimento de massa. O mais evidente é que poucos americanos escutaram a transmissão. A cadeia de rádio em questão transmitia a um raio limitado e o programa tinha por concorrente outro, bastante popular, tocado por um famoso ventríloquo, Edgar Bergen.
> Além disso, não se tratava de uma transmissão isolada, mas de um episódio inscrito numa série de adaptações literárias da trupe de Welles [...].
> Prudente, a cadeia de rádio tomou o cuidado de fazer uma introdução à transmissão e de levar ao ar avisos regulares de que se tratava de uma ficção [...]. A lenda do pânico suscitado pela transmissão de Welles é uma construção elaborada mais ou menos conscientemente pela imprensa americana e, em seguida, transformada em boato.[11]

---

[9] *Idem*, p. 125.
[10] LAGRANGE, Pierre. *La guerre des mondes a-t-elle eu lieu?* Paris: Robert Laffont, 2005.
[11] BAYARD, Pierre. *Comment parler des faits qui ne se sont pas produits?* Paris: Éditions de Minuit, 2020, p. 123-124.

O que nos interessa aqui é a seguinte questão: por que é necessário, no caso das comédias de Bernini e da transmissão de Welles, sustentar a crença quanto ao fato de que os espectadores/audiência foram capturados e que isso pôde levá-los até mesmo à morte[12]?
Octave Mannoni, em um texto de 1964, "Eu sei, mas mesmo assim..." tenta propor uma resposta. Ele afirma ali:

> O espectador se coloca como um perfeito incrédulo diante dos truques dos ilusionistas, mas exige que "a ilusão" seja perfeita, sem que se possa saber que deve ser enganado; no teatro ocorre algo do mesmo gênero — a ponto de se terem inventado cenas de indução[13], como na *Megera domada*, ou imaginado a fábula do espectador crédulo e ingênuo que toma como realidade o que se passa no palco.[14]

Para dizê-lo de outra forma, não, o espectador não acredita que aquilo que se passa em cena é a realidade, mas ele tem a necessidade de acreditar que um outro acredita, e se deixa capturar nisso! É fundamental que

---

[12] A morte relatada na ocasião da comédia do fogo, de Bernini, e os suicídios que teriam decorrido da ficção radiofônica de Orson Welles demonstram bem que a morte é um dos horizontes da ficção.

[13] É interessante reencontrar aqui, a partir do termo "indução", o vocabulário da hipnose pois a fase da indução corresponde ao trabalho preparatório que permite ao paciente entrar num transe leve. Estas cenas no teatro, como na hipnose, teriam por objetivo remover os pontos de referência do espectador quanto à separação entre o espaço de representação e a "realidade".

[14] MANNONI, Octave. (1969) *Chaves para o imaginário*. Tradução de Lígia Maria Pondé Vassalo. Petrópolis: Vozes, 1973.

a ilusão funcione ao menos para uma pessoa; mas por quê? Para compreendermos isso é preciso definir o que a psicanálise entende por ilusão.

Ainda que "ilusão" não seja propriamente um conceito psicanalítico, a referência frequente que os analistas fazem a ele nos permite localizar uma definição. Freud fala pouco da ilusão e, talvez por ser o primeiro, por ser o inventor da psicanálise, ele a deixa falar livremente no enquadre da cura, no palco da transferência. A noção de ilusão, contudo, foi utilizada por ele em 1927, em "O futuro de uma ilusão", no qual nos oferece a seguinte definição:

> Uma ilusão não é idêntica a um erro, tampouco é necessariamente um erro. A opinião de Aristóteles, de que os vermes nascem da sujeira — partilhada ainda hoje pelo povo ignorante —, era um erro, assim como a da geração anterior de médicos, segundo a qual a *tabes dorsal* resulta de excessos sexuais. Seria incorreto chamar de ilusões esses erros. Por outro lado, foi uma ilusão, da parte de Colombo, achar que havia descoberto um novo caminho marítimo para a Índia. É bastante clara, nesse erro, a participação de seu desejo. Pode-se designar como uma ilusão a afirmação de certos nacionalistas, segundo a qual os indo-germanos são a única raça humana capaz de civilização, ou a crença, que somente a psicanálise destruiu, de que a criança é um ser desprovido de sexualidade. É característico da ilusão o fato de derivar dos desejos humanos, nesse aspecto ela se aproxima do delírio psiquiátrico; mas, ainda não considerando a mais complicada estrutura do delírio, também se diferencia dele. O que destacamos como essencial no delírio é a contradição com a realidade [...]. Desse

modo, chamamos uma crença de ilusão quando em sua motivação prevalece a relação de desejo, e nisso não consideramos seus laços com a realidade, assim como a própria ilusão dispensa comprovação.[15]

Como acontece com frequência em Freud, à primeira leitura o texto parece claro. Ao olhá-lo de mais perto, contudo, vemos que não faltam dificuldades. Para distinguir uma ilusão do delírio ou do erro, Freud examina dois critérios: o da verdade e o da importância do desejo em jogo no processo de construção da ilusão.

Quanto ao primeiro critério, se ele permite distinguir um erro ou um delírio, segundo Freud não é pertinente no que diz respeito à ilusão que, eventualmente, pode revelar-se verdadeira. Essa tese sem dúvida vai contra o senso comum, quando não das definições filosóficas, que insistiriam sobretudo na falsidade própria da ilusão. Paradoxo freudiano, oximoro deliciosamente barroco de uma verdadeira ilusão. Para Freud, a ilusão não se oporia à verdade, da mesma forma que não se oporia necessariamente ao real, do qual ela até tentaria dizer algo. Esse critério esclarece de maneira muito interessante o paradoxo de um verdadeiro amor ilusório, que é o amor de transferência. Este último, portanto, revelaria menos o erro do que a ilusão. O que o segundo critério proposto por Freud permitirá ainda precisar.

---

[15] FREUD, Sigmund. (1927) "O futuro de uma ilusão". In: *Obras completas, volume 17: Inibição, sintoma e angústia, O futuro de uma ilusão e outros textos (1926-1929)*. Tradução de Paulo César de Souza. São Paulo: Companhia das Letras, 2014, p. 267.

O segundo critério é o do lugar do desejo na ilusão. Esta última seria uma crença motivada por um anseio, nos diz Freud. Esse critério, que permitiria distinguir delírio e ilusão, não deixa de nos colocar algumas questões. Com efeito, poderíamos contemplar um delírio que não fosse sustentado por um desejo?[16] Como, portanto, tentar resolver esse paradoxo? A solução que parece surgir é a de pesquisar o lugar que ocuparia o desejo no processo de constituição da ilusão. Essa preponderância faz passar a referência à realidade ao segundo plano, o que permitiria compreender por que a verdade ou a falsidade da ilusão não são critérios para Freud. Isso implica que é a origem, e não o lugar onde desemboca a ilusão, o que a caracteriza, o que a situa entre o erro (onde o objeto tem seu papel) e a alucinação (onde se perde a realidade). A cena de transferência seria, portanto, numa acepção bastante freudiana, uma cena de ilusão no sentido em que aquilo que nela é *posto em jogo* [*mis en jeu*] são afetos autênticos que o desejo carregaria com um peso de realidade.

Daí, podemos distinguir de um lado, no teatro, a proposição de uma ilusão ficcional que tenta convocar as coordenadas da *mimese* do real com a qual o espectador, ainda que não acredite nela, se compraz em sustentar a lenda de que ela pôde ser percebida como verdadeira... por um outro. De outro lado, reencontramos na cura um espaço que convoca afetos reais, mas não reconhecidos, em um

---

[16] LIPPI, Silvia. "De l'hallucination à la fiction: voyage à l'intérieur du désir... (et du délire) psychotique". In: *La clinique lacanienne*, n° 25. Toulouse: Eres, 2014, p. 67-82.

primeiro tempo, como constitutivos da ficção transferencial. Com efeito, a cena da transferência é abrasadora como talvez tenha sido aquela do teatro barroco, que não poupava recursos para capturar ao vivo o sujeito[17], e para seu grande prazer[18]! Lá, porém, onde o engodo barroco visava capturar o olhar cúmplice do espectador tentando deixá-lo de olhos arregalados, a ficção transferencial é vivida pelo analisando com um perturbador e doloroso sentimento de realidade e atualidade, sentimento que lhe será particularmente difícil renunciar.

A ficção teatral revelaria um alegre "eu sei muito bem (que não é verdade), mas mesmo assim (alguém pode se deixar pegar...)", enquanto a ficção transferencial revelaria, por sua vez, um doloroso "eu não quero saber nada (da dimensão ficcional da transferência), mesmo se (eu não seja sem o saber...)".

Compreenderemos que as duas dinâmicas aqui descritas nos oferecem caminhos bem diferentes, e serão essas diferenças que tentaremos precisar a partir do comentário de um texto pouco frequentado de Freud: "Personagens psicopáticos no palco".

---

[17] O exemplo de Bernini é eloquente, mas poderíamos igualmente citar o exemplo dos *castrati*, que também são uma invenção barroca. VIVES, Jean-Michel. *A voz no divã*. Tradução de Mario Sagayama. São Paulo: Aller, 2020.

[18] Basta ver com que prazer a criancinha grita de terror ao brincar de "pega-pega" com seu pai... O grito que mistura medo e alegria é, talvez, uma das vias de acesso a este enigma da crença teatral. [Nota do tradutor: Em francês, "pega-pega" é o *jeu du loup*: o jogo do lobo. Assim, quando Vives evoca o *hurlement* está, a um só tempo, falando do grito e do uivo. Além disso, lembramos ao leitor que os lobos são parte importante do bestiário psicanalítico.]

PERSONAGENS PSICOPÁTICOS
no palco:
de uma *estética*
da psicanálise...

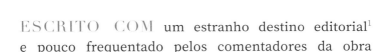

ESCRITO COM um estranho destino editorial[1]
e pouco frequentado pelos comentadores da obra

---

[1] O leitor poderá encontrar anexado o texto de apresentação realizará aquele a quem "Personagens psicopáticos no palco" fora confiado em 1905 ou 1906: Max Graf, mais conhecido como o pai do Pequeno Hans, de quem conduziu a cura sob supervisão de Freud. Ele só publicará o texto em 1942, nos Estados Unidos, em uma tradução inglesa amputada em seu último parágrafo. O texto que acompanhava a tradução de "Personagens psicopáticos no palco", "Reminiscência do professor Freud", de autoria de Max Graf, contextualiza o manuscrito freudiano. Esses dois textos constituem um elemento não negligenciável do dossiê da *Análise da fobia de um menino de cinco anos*, pois o primeiro deles fora enviado a Max Graf quando este iniciou a observação do desenvolvimento psicossexual de Herbert (o Pequeno Hans), em janeiro de 1906. Em abril do mesmo ano, Freud faz uma conferência na casa editorial Heller, onde expõe o que se tornará "O escritor e a fantasia"; em 11 de dezembro de 1907, Max Graf, em resposta à conferência de Isidor Sadger (que ele trata por "destruidor de almas"), dá uma palestra intitulada "Metodologia da psicologia dos escritores" na qual expõe as bases de uma ética da aplicação da psicanálise fora da cura e coloca seu texto no lugar do relatório habitualmente realizado por Otto Rank; no final de 1907 e início de 1908 os sintomas fóbicos aparecem em Herbert e, por fim, em 30 de março de 1908, Freud recebe a visita de Max e Herbert Graf,

freudiana, "Personagens psicopáticos no palco" não é, contudo, um texto secundário, pois constitui o único comentário de Freud quanto à análise das implicações [*enjeux*] psíquicas do teatro. O que ele faz[2] e desenvolve nessa ocasião é uma estética psicanalítica que, nós veremos, esclarece pertinentemente a compreensão que podemos ter dos efeitos do encontro com a obra de arte[3], questionando os efeitos psíquicos identificáveis

---

e dá sua hoje famosa interpretação: "Muito antes dele nascer, eu já sabia que haveria um pequeno Hans que iria amar tanto a sua mãe que teria medo do pai por causa disso, e eu havia contado isso a seu pai". O texto escrito por Max Graf que acompanhará a publicação do texto inédito de Freud no *The Psychoanalytic Quarterly* em 1942 — momento em que Herbert Graf, tornado diretor de ópera, toca uma carreira brilhante nos Estados Unidos, particularmente no Metropolitan Opera de Nova York — relança as questões trabalhadas no grupo dos primeiros chegados a Freud entre 1906 e 1909. Em 1910, Max Graf irá se separar do grupo de chegados de Freud, do qual julgava o funcionamento eclesiástico demais, no mesmo momento em que se constituía a *International Psychoanalytical Association* na ocasião do colóquio de Nuremberg, cujo tema trazia justamente questões acerca da transmissão da doutrina.

[2] Outro testemunho desse questionamento será encontrado também nas cartas trocadas com Yvette Guilbert, a famosa cantora, que interessou a Freud ao longo de toda vida. DANGI, Giuseppina; VIVES, Jean-Michel. "Une vision freudienne du jeu de l'acteur: Freud à l'écoute de l'art d'Yvette Guilbert". In: *Cliniques Méditerranéennes*, n° 95, Genre, normes, innovation. Toulouse: Eres, 2017, p. 271-288.

[3] Tais aportes são de grande fecundidade para todos os clínicos que escolhem fazer uso de práticas artísticas (música, teatro, pintura, dança...) para atender seus pacientes. VINOT, Frédéric; VIVES, Jean-Michel. (orgs.) *Les thérapies médiatisées par l'art: le Réel en jeu*. Toulouse: Eres, 2014. RAUFAST, Lionel; VINOT, Frédéric; VIVES, Jean-Michel. *La mediation par le théatre. Freud et Dionysos sur la scène thérapeutique*. Arkhê: Paris, 2019. ORRADO, Isabelle; VIVES,

no espectador-audiência que assiste a uma *representação*. Ademais, "Personagens psicopáticos no palco" revela-se também — e de maneira bastante surpreendente[4] — um ensaio de estética psicanalítica. O que demonstraremos na ocasião do próximo capítulo, a partir do comentário da seguinte sentença:

> Pois o neurótico é para nós alguém de cujo conflito não se pode obter nenhum conhecimento, se ele o traz pronto. Ao contrário, se conhecemos este conflito, nós o esquecemos, pois ele é um doente, assim como ele acaba por se tornar doente, quando passa a conhecer o seu conflito.[5]

Essa proposição — de uma audácia inacreditável — condensa de maneira extremamente pragmática aquilo que, a partir de Lacan, nos habituaremos a chamar de "ética da psicanálise": o acesso ao reconhecimento do funcionamento psicológico do paciente, às bricolagens que lhe permitem organizar a relação com os outros, com o mundo e consigo mesmo, transforma o sujeito

---

Jean-Michel. *Autismo e mediação: Bricolar uma solução para cada um.* Aller: São Paulo, 2021.

[4] Esta última observação mostra claramente que a psicanálise em diálogo com a arte, menos do que um passatempo de esteta, é uma maneira de tratar de forma distinta as questões que escapam ao enfoque clínico, mas que, em contrapartida, renovam nossa compreensão deste.

[5] FREUD, Sigmund. (1942 [1905-1906]) "Personagens psicopáticos no palco". In: *Arte, literatura e os artistas*. Tradução de Ernani Chaves. Belo Horizonte: Autêntica, 2021, p. 51.

doente em sujeito analisante. Só por essa frase já valeria ler "Personagens psicopáticos no palco"! O texto foi confiado a Max Graf em 1905 ou 1906[6]. Max Graf tem, nesse momento, 33 anos. Ele já é um brilhante e reconhecido crítico musical vienense, próximo de Gustav Mahler (que teria sido padrinho do Pequeno Hans, como afirma Herbert Graf[7] — o que não nos parece definitivamente estabelecido —, mas que, em todo caso, foi o destinatário da primeira obra publicada por Max Graf, *Le cas Nietzsche-Wagner*[8] [*O caso Nietzsche-Wagner*]. Em 1900, ano da publicação da "Interpretação dos sonhos"), na linha de frente da vanguarda artística: Arnold Schönberg, Richard Strauss, Oskar Kokoschka estavam entre os frequentadores da casa dos Graf. Sua esposa, Olga Hönig, foi paciente de Freud a partir de maio de 1897. Max Graf tornou-se íntimo de Freud a partir de 1900, quando pediu para conhecê-lo ao ouvir, no relato das sessões daquela que se tornaria sua esposa, aquilo que ele mesmo descreverá nesta fórmula de sensibilidade impressionante: "um desvelamento artístico

---

[6] Em sua apresentação à tradução inglesa do texto de Freud, Max Graf o datará de 1904, mas isso parece improvável pois a peça de Hermann Bahr, *Die Andere*, que é comentada por Freud, só foi escrita em novembro de 1905 e editada em 1906. A data verossímil para a redação de "Personagens psicopáticos no palco" poderia ser localizada entre o fim de 1905 e 1906. GRAF, Max. (1942) "Réminiscences du Professeur Sigmund Freud". In: *L'Unebévue*, suplemento ao nº 3. Paris: E.P.E.L., 1993, p. 23.

[7] GRAF, Herbert. (1972) "Mémoires d'un homme invisible". In: *L'Unebévue*, suplemento ao nº 3. Paris: E.P.E.L., 1993, p. 23.

[8] GRAF, Max. "Le cas Nietzsche-Wagner". In: *L'Unebévue*, suplemento ao nº 3. Paris: E.P.E.L., 1993.

do tecido do inconsciente"[9]. Max Graf percebera de cara que ali tinha arte e que a cura visava desfazer o canevás inconsciente para que o analisando pudesse nele se reconhecer... Desde a criação da Sociedade Psicológica das Quartas--Feiras, em 1902, Max Graf participa ativamente das reuniões em companhia de David Joseph Bach, também músico e musicólogo, amigo de Schönberg. Nessas reuniões, ele fará intervenções bastante profundas sobre a utilização da psicanálise na abordagem da arte. Ele mesmo publicará, em 1910, *L'atelier intérieur du musicien* [*O ateliê interior do músico*], que é um dos raros estudos psicanalíticos acerca do processo de criação na música[10].

No contexto dessa colaboração, Freud confiou a Max Graf um texto, "Personagens psicopáticos no palco", que continuará inédito por muito tempo e, aparentemente, esquecido pelo pai da psicanálise, ainda que ideias aí desenvolvidas reapareçam em textos posteriores: "Totem e tabu" (1912-1913), mas também "Alguns tipos de caráter encontrados na prática psicanalítica" (1916). De janeiro a junho de 1908 acontece o famoso episódio da fobia de Herbert, relatado em 1909 em "Análise da fobia de um garoto de cinco anos"[11]. A partir de 1910,

---
[9] GRAF, Max. (1942) "Réminiscences du Professeur Sigmund Freud". In: *L'Unebévue*, suplemento ao n° 3. Paris: E.P.E.L., 1993, p. 25.
[10] GRAF, Max. (1910) *L'atelier intérieur du musicien*. Paris: Buchet/Chastel, E.P.E.L., 1999.
[11] FREUD, Sigmund. (1922). "Análise da fobia de um garoto de cinco anos ("O Pequeno Hans"). In: *Obras completas, volume 8: O delírio e os sonhos na Gradiva, Análise da fobia de um garoto de cinco anos e outros*

Max Graf se distancia da Sociedade das Quartas-Feiras. Ele dirá mais tarde que tinha reservas quanto à dinâmica cada vez mais religiosa do funcionamento da associação psicanalítica de vienense.

> Agora devo dizer que tive muitas vezes a impressão de que essa história do movimento freudiano, e isso se aplica ao movimento do qual participei, e em particular, na verdade, ao desenvolvimento da importância internacional da doutrina freudiana, tudo isso me fazia lembrar muito dos primeiros momentos do cristianismo. Éramos, no começo, um pequeno círculo assim como o círculo de apóstolos que fundaram a religião católica. Este círculo cresceu bastante depois, não é mesmo? A igreja freudiana se tornou uma Igreja mundial e, do nada, irrompeu a disputa entre Arius e Athanasius[12]. Neste momento, deixei de participar na querela. Não fui mais aos encontros da Sociedade Psicanalítica.[13]

Aos 16 anos, Herbert é mandado a Berlim. Lá, ele assiste a produções teatrais de Max Reinhardt e decide realizar o equivalente em ópera, o que termina por

---

textos (1906-1909). Tradução de Paulo César de Souza. São Paulo: Companhia das Letras, 2015, p. 123-284.

[12] Max Graf faz aqui uma referência metafórica às disputas ocorridas entre Freud e Adler.

[13] EISSLER, Kurt; GRAF, Max. (1952) "Entretien du père du petit Hans, Max Graf, avec Kurt Eissler". Le bloc-notes de la psychanalyse, nº 14, 1996, p. 129.

inventar uma nova prática artística[14]. Em 1922, no início de sua carreira artística, Herbert Graf faz uma visita a Freud e se apresenta como sendo o Pequeno Hans. Freud se apressa, então, em acrescentar um pós-escrito à sua "Análise da fobia de um garoto de cinco anos":

> O pequeno Hans era agora um formidável rapaz de dezenove anos. Ele afirmou estar muito bem e não sofrer de nenhum problema ou inibição. Ele não apenas atravessou a puberdade sem danos, mas passou muito bem por uma das mais sérias provações afetivas. Seus pais haviam se separado, e cada um contraíra um novo matrimônio.[15]

Essa visita não era sem importância para Freud pois lhe permitia responder aos diversos detratores da psicanálise para os quais

> a publicação dessa primeira análise de uma criança havia despertado sensação e, mais ainda, indignação; fora previsto um grande infortúnio para o pobre menino, pois numa tenra idade ele fora

---

[14] VIVES, Jean-Michel. "Sobre o episódio fóbico do pequeno Hans ao tornar-se diretor de ópera, ou a arte de acomodar os restos enigmáticos de um tratamento". In: *A voz na clínica psicanalítica*. Rio de Janeiro: Contra Capa, 2012, p. 64-80.

[15] FREUD, Sigmund. (1922). "Análise da fobia de um garoto de cinco anos ("O Pequeno Hans)". In: *Obras completas, volume 8: O delírio e os sonhos na Gradiva, Análise da fobia de um garoto de cinco anos e outros textos (1906-1909)*. Tradução de Paulo César de Souza. São Paulo: Companhia das Letras, 2015, p. 283.

"roubado de sua inocência"[16], tornando-se vítima de uma psicanálise.[17]

Em 1925, depois de defender sua tese, *Wagner diretor*[18], Herbert Graf realiza sua primeira encenação na ópera de Munster: *As bodas de Fígaro*, de W. A. Mozart. Ele rapidamente passa a ser visto como o *enfant terrible* do mundo bastante certinho da ópera. Em 1934, parte para os Estados Unidos onde assumirá a direção artística do Metropolitan Opera de Nova York. Em 1942, três anos depois da morte de Freud, então com 69 anos e também emigrado, Max Graf publica na revista *The Psychoanalytic Quarterly* uma tradução inglesa do texto que Freud lhe confiara 37 anos antes: "Psychopathic Characters on the Stage". Este último vem acompanhado de outro texto intitulado: "Reminiscences of Professor Sigmund Freud", que está anexado a este livro e no qual fala de seu encontro e colaboração com Freud.

---

[16] A primeira tradução francesa, realizada por Marie Bonaparte e publicada em 1928, propunha, por sua vez, "pobre garotinho, violado em sua inocência" indicando, por si mesma, a violência dos desafios em torno da publicação do caso. [Nota do tradutor: lembramos ao leitor que o verbo *violer*, em francês, também significa "estuprar".]

[17] FREUD, Sigmund. (1922). "Análise da fobia de um garoto de cinco anos ("O Pequeno Hans"). In: *Obras completas, volume 8: O delírio e os sonhos na Gradiva, Análise da fobia de um garoto de cinco anos e outros textos (1906-1909)*. Tradução de Paulo César de Souza. São Paulo: Companhia das Letras, 2015, p. 283.

[18] GRAF, Herbert. (1925) "Richard Wagner metteur en scène. Étude pour une histoire du développement de la mise en scène à l'opéra". In: *Cahiers de l'Unebévue*. Paris: l'unebévue-éditeur, 2011.

Em 16 de dezembro de 1952, ele aceita dar uma longa entrevista[19] a Kurt Eissler, então responsável pelos arquivos Sigmund Freud, ocasião em que o pai do Pequeno Hans recorda seus vínculos com Freud.

"Personagens psicopáticos no palco" é, portanto, um texto que circula de mão em mão, de continente em continente, de língua a língua, mas que termina por chegar a seu destinatário, o leitor, para lhe entregar uma mensagem sobre os pontos de contato entre a arte e este artifício psicanalítico que é a transferência, dando contornos ao que poderíamos chamar de campo da *arte da psicanálise*[20].

Na ocasião de "Personagens psicopáticos no palco", Freud desenvolve e expõe uma estética de essência psicanalítica. Estética que se vê fundada sobre uma economia do prazer e do gozo:

> O olhar participativo durante um [jogo-de-espetáculo[21]] possibilita ao adulto o mesmo que [o jogo] possibilita à

---

[19] EISSLER, Kurt; GRAF, Max. (1952) "Entretien du père du petit Hans, Max Graf, avec Kurt Eissler". *Le bloc-notes de la psychanalyse*, n° 14, 1996, p. 123-159.

[20] Tendo a medicina desertado o campo da arte médica em detrimento do da ciência armada, e tendo as psicoterapias em sua maior parte sucumbido aos encantos de protocolos reprodutíveis, a psicanálise permanece a única a poder reivindicar esta relação com a arte e com o que isso implica de sensibilidade no que diz respeito ao estilo.

[21] Freud decompõe o termo *Schauspiel* (que aqui se traduz por jogo--de-espetáculo) em suas duas partes, *Schau* (espetáculo) e *Spiel* (jogo) de modo a aproximar o jogo-do-espetáculo (*Schau-spiel*) do jogo da criança. FREUD, Sigmund. (1942 [1905-1906]) "Personagens psicopáticos no palco". In: *Arte, literatura e os artistas*. Tradução de Ernani Chaves. Belo

criança [...]. O espectador tem muito poucas vivências, se sente como [...] alguém que abafou por muito tempo sua ambição, para se colocar como Eu no centro da engrenagem do mundo, melhor dizendo, ele precisou deslocá-lo, ele quer sentir, produzir efeitos, ser herói, e os atores-poetas [*Dichter-Schauspieler*] lhe possibilitam isso, na medida em que permitem sua *identificação* com um herói. [...] Por isso, seu gozo tem como pressuposto uma ilusão, ou seja, a mitigação do sofrimento por meio da certeza de que, em primeiro lugar, é outro que age e sofre no palco e, em segundo lugar, que se trata apenas de [um jogo], que não pode trazer nenhum prejuízo a sua segurança pessoal.[22]

A afirmação freudiana articulando ilusão, teatro, identificação e gozo será retomada e explicitada na tese de Herbert Graf de 1925, onde ele praticamente recupera as fórmulas do texto freudiano inédito naquele momento:

As raízes da arte do teatro residem, como as de todas as artes, na alma dos humanos. O que são os brinquedos e contos para a criança, o que a lenda é para um povo, o que o sonho — como Sigmund Freud nos ensinou — é para cada um, isso é o teatro para todos nós: a realização de um desejo para ambos, ator e espectador. Em princípio, o pensamento dos dois segue o mesmo curso. Eles se identificam com o personagem da peça que dá

Horizonte: Autêntica, 2021, p. 45-46. [Nota do tradutor: modificamos a tradução de modo a evidenciar os aspectos destacados por Vives.]

[22] *Idem, ibidem.*

mostras das qualidades mais notáveis, o herói. Isto é o que sentem os espectadores, mas, de sua parte, todos os atores empenham-se também em alcançar essa impressão [...]. Resumamos, portanto: as raízes do jogo teatral, tanto para o ator quanto para o espectador, repousam na exigência inconsciente de agir sobre o outro sexo despejando nele as excitações que este lhe impõe sexualmente. A possibilidade de realização do desejo é concedida pelo jogo teatral tanto ao ator quanto ao espectador. É o êxito dessa ficção, a "ilusão", que nos dá a sensação de um bom jogo teatral.[23]

Nestas primeiras frases da introdução de sua tese, Herbert Graf esboça duas ideias interessantes que se inscrevem na linha direta do pensamento freudiano, mas que antecipam também as que Lacan poderá desenvolver, a saber:

- O processo identificatório em jogo no teatro é o mesmo para o espectador e para o ator.

Se *Hamlet* é realmente o que estou dizendo, a saber, uma composição, uma estrutura tal que, nela, o desejo pode encontrar seu lugar, situado de maneira suficientemente correta, rigorosa, para que ali possam se projetar todos os desejos ou, mais exatamente, todos os problemas suscitados pela relação do sujeito

---

[23] GRAF, Herbert. (1925) "Richard Wagner metteur en scène. Étude pour une histoire du développement de la mise en scène à l'opéra". In: *Cahiers de l'Unebévue*. Paris: l'unebévue-éditeur, 2011.

com o desejo, bastaria, em certo sentido, lê-lo. Referia-me, portanto, aos que poderiam me perguntar sobre a função do ator. Onde está a função do teatro, da representação? *É claro que não é absolutamente a mesma coisa ler Hamlet e vê-lo representado*[24]. Tampouco acho que isso possa lhes causar problemas por muito tempo. Já a perspectiva que estou tentando desenvolver aqui, concernente, em suma, à função do inconsciente, o inconsciente se define como o discurso do Outro. Nada pode ilustrá-lo melhor do que a perspectiva que nos é dada por uma experiência como a da relação da plateia com *Hamlet*. Fica claro que, ali, o inconsciente se presentifica sob a forma do discurso do Outro, que é um discurso perfeitamente composto. [...] De modo análogo, o ator empresta seus membros, sua presença, não simplesmente como uma marionete, mas com seu inconsciente bem real, a saber, a relação de seus membros com certa história que lhe é própria.[25]

- E, mais importante para nosso desenvolvimento: o teatro é uma realização de desejo articulando-se, portanto, a uma ilusão, no sentido que a definimos anteriormente.

---

[24] Lacan se opõe aqui firmemente à posição aristotélica para quem a dinâmica catártica devia ser suscitada pela escuta e não pela visão, podendo o espetáculo participar disso sem ser, de forma alguma, a parte mais importante.
[25] LACAN, Jacques. (1958-1959) *O seminário, livro 6: O desejo e sua interpretação*. Tradução de Claudia Berliner. Rio de Janeiro: Jorge Zahar Editor, 2016, p. 298-299.

> Se uma peça de teatro nos emociona, não é em razão do que ela representa de esforços penosos, nem do que, sem saber, um autor deixa passar, mas, repito, em razão do espaço que ela nos oferece, pelas dimensões de seu desenvolvimento, para colocar o que, em nós, está escondido, a saber, nossa própria relação com nosso próprio desejo.[26]

Partindo daí, o teatro não é mais apenas uma metáfora do inconsciente, senão, como já indicara Freud em 1905-1906, a possibilidade de

> abertura das fontes de prazer [*Lust*] ou gozo [*Genuß*] que emanam da nossa vida afetiva, tal como no cômico, no chiste etc., emanam do trabalho de nossa inteligência, por meio do qual, [até mesmo] muitas destas fontes se tornaram inacessíveis[27]

e isso sob o olhar e a escuta do espectador (*Zuschauer*)/ audiente (*Zuhörer*)[28]. Espectador/audiente que poderíamos

---

[26] *Idem.*, p. 297.

[27] FREUD, Sigmund. (1942 [1905-1906]) "Personagens psicopáticos no palco". In: *Arte, literatura e os artistas*. Tradução de Ernani Chaves. Belo Horizonte: Autêntica, 2021, p. 45.

[28] Freud joga muito habilmente com a alternância desses dois termos, como mostra rigorosa tradução de Eric Legroux, Christine Toutin-Thélier e Mayette Viltard para a editora *L'Unebévue*. FREUD, Sigmund. (1905-1906) "Personnages psychopatiques sur la scène". In: *L'Unebévue*, suplemento ao nº 3. Paris: E.P.E.L., 1993, p. 5-14. [Nota do tradutor: para verter o francês *auditeur* ao longo do texto optamos por oscilar entre "audiência" e "audiente" (ente ouvinte). Isso permite

aproximar, para seguirmos a analogia freudiana, à *dritte Person* [o terceiro] necessária à realização do chiste[29]. O espectador seria, então, uma peça essencial do dispositivo: não há teatro sem um olhar que ouça. Mesmo o dispositivo do ensaio teatral não escapa a isso: o diretor é esse primeiro olhar, essa *dritte Person*, um tanto especial, a quem os atores oferecem suas improvisações. Assim, Freud propõe em seu texto uma correlação: o chiste abriria fontes de prazer e de gozo em nossa atividade intelectual justamente onde a atividade intelectual as tornara inacessíveis. Se seguirmos a proposição oferecida por Freud, poderíamos aplicá-la ao teatro da seguinte forma: a atividade teatral abre fontes de prazer e de gozo em nossa vida afetiva justamente onde a vida afetiva as tornara inacessíveis. Freud parece atribuir desde o início do texto uma finalidade semelhante aos dois dispositivos, contornar a resistência, mas em um registro diferente: ali onde o chiste visaria a atividade intelectual, o teatro visaria a vida afetiva. Na verdade, se conviesse aproximar o gozo oferecido pelo teatro de uma forma de comicidade, talvez seria mais justo aproximá-lo do gozo proporcionado pelo humor, tal como Freud o definiu em 1927[30], do que do chiste. Com efeito, o humor é a substituição do sofrimento pelo prazer tal como o faria,

---

explicitar o jogo destacado por Vives entre aquele que vê (*spectare* é "assistir" em latim) e aquele que ouve (*audire* é "ouvir" em latim).]

[29] Cf. DIDIER-WEILL, Alain. "A questão do mandamento siderante". In: *Os três tempos da lei*. Tradução de Ana Maria de Alencar. Rio de Janeiro: Jorge Zahar Editor, 1997, p. 111-234.

[30] FREUD, Sigmund. (1927) "O humor". In: *Obras completas, volume 17: Inibição, sintoma e angústia, O futuro de uma ilusão e outros textos*

segundo Aristóteles, a catarse trágica, que também teria o poder de transformar uma fonte de desprazer — a visão da representação de atos insuportáveis no palco — em fonte de prazer. O exemplo dado por Freud no texto de 1927 da tirada humorística que transforma uma situação angustiante em fonte de prazer é bem conhecido e ilustra perfeitamente este mecanismo:

> Quando, para ficarmos num exemplo bem cru, um condenado que está sendo levado para a forca numa segunda-feira diz: "É, a semana começa bem", ele próprio faz o humor, o processo humorístico se completa em sua pessoa e, claramente, produz-lhe certa satisfação.[31]

Nesse caso, o autor da tirada humorística se poupa de um sofrimento e, além disso, consegue a proeza de transformar uma situação catastrófica em fonte de prazer[32], senão de triunfo, o que é para Aristóteles, como já evocamos, a própria finalidade da catarse.

O texto de Freud se inicia, aliás, com uma referência explícita à *Poética* de Aristóteles e à questão da catarse:

> Se a finalidade da tragédia é despertar "medo [*Furcht*] e compaixão", para produzir uma "purificação dos

---

(1926-1929). Tradução de Paulo César de Souza. São Paulo: Companhia das Letras, 2014, p. 322-330.
[31] *Idem.*, p. 323.
[32] COLIN, Mansuy.; VIVES, Jean-Michel. "Rire de soi. Étude d'un moi contorsionniste". In: *Évolution Psychiatrique*. Paris: Elsevier, 2020, p. 399-406.

afetos" tal como é aceito desde Aristóteles, então se pode descrever este propósito um pouco mais detalhadamente [...][33]

Para Freud, portanto, trata-se, a partir do saber desenvolvido pela psicanálise em 1905-1906, de compreender o prazer ligado à frequentação das artes cênicas. Desde o início do texto freudiano reencontramos a famosíssima mas obscura tese de Aristóteles:

> E, ao representar a compaixão e o pavor, ela [a representação] realiza a depuração [catarse] de tais emoções.[34]

A única frase que Aristóteles consagra em sua *Poética* à noção de catarse se apresenta como um enigma: o termo tomado de empréstimo do vocabulário médico "depuração, purgação" parece ser empregado aqui de forma metafórica, sem que a comparação, porém,

---

[33] FREUD, Sigmund. (1942 [1905-1906]) "Personagens psicopáticos no palco". In: *Arte, literatura e os artistas*. Tradução de Ernani Chaves. Belo Horizonte: Autêntica, 2021, p. 45.
[34] ARISTÓTELES. *La poétique*. Tradução de Roselyne Dupont-Roc et Jean Lallot, Paris, Seuil, 1980. Capítulo 6, 49b28, p. 53. [Nota do tradutor: optamos, neste caso em especial, por partir da tradução utilizada por Vives por ela condensar os elementos que serão destacados em seguida. Em todo caso, a título de comparação, consta na tradução de Paulo Pinheiro (que será nossa versão de referência): "É pois a tragédia a mimese de uma ação [...] mimese que se efetua por meio de ações dramatizadas e não por meio de uma narrativa, e que, em função da compaixão e do pavor, realiza a catarse de tais emoções". Idem. *Poética*. Tradução de Paulo Pinheiro. São Paulo: Ed. 34, 2015, p. 71-73.]

seja precisada. O texto da *Poética* se restringe a explicitar os objetos sobre os quais incide a catarse: a compaixão e o pavor enquanto afetos, desordens emocionais (*pathémata*) sempre apresentadas como dolorosas nos diferentes capítulos em que são abordadas. É preciso supor, portanto, que a catarse consiste nessa faculdade paradoxal e misteriosa, que seria própria ao espetáculo trágico, de transformar sentimentos desagradáveis em prazer. Freud retoma do zero a questão aristotélica da catarse, a qual já havia sido trazida à tona quando dos "Estudos sobre a histeria"[35]. Com efeito, a psicanálise tem suas raízes mergulhadas — como já aludimos no início deste livro — no método catártico apresentado por Breuer e Freud nos "Estudos sobre a histeria". O objetivo então buscado era recuperar a representação descartada do campo da consciência para associá-la ao afeto que não fora vivido no momento da cena inicial, desencadeando a formação do sintoma. Como recorda Freud, foi Breuer quem qualificou o procedimento terapêutico de "catártico".

> Breuer chamou nosso procedimento de *catártico*; o objetivo terapêutico explicitado era fazer com que o montante de afeto empregado na manutenção do sintoma, que caíra em trilhas erradas e nelas permanecera como que entalado, tomasse as vias normais,

---

[35] FREUD, Sigmund; BREUER, Josef. (1895) "Estudos sobre a histeria". In: *Obras completas, volume 2: Estudos sobre a histeria (1893-1895)*, em coautoria com Josef Breuer. Tradução de Laura Barreto. São Paulo: Companhia das Letras, 2016.

onde podia chegar à descarga (ab-reagir). O êxito do método catártico foi notável as deficiências que depois se verificaram eram as de qualquer tratamento hipnótico.[36]

O método, combinando hipnose e a fala espontânea do doente, tinha por objetivo principal a ab-reação, a qual consistia em uma descarga dos afetos até então recalcados, isto é, naquele momento da obra freudiana, afetos que de alguma forma permaneceram entalados. Freud já havia encontrado a noção de catarse por intermédio de Jacob Bernays[37], filólogo conhecido, autor de um estudo retumbante sobre a catarse aristotélica e, além disso, tio de Martha, a esposa de Freud. Bernays tenta esclarecer a noção de catarse teatral a partir do que Aristóteles pôde dizer dela na *Política*, onde ela implica a ideia da medicina homeopática: com a purgação, cura-se o mal pelo mal. Temos aí uma das chaves possíveis para compreender o sentido retórico, poético e estético da catarse. Este tipo de cura se relaciona com a catarse operada pelas músicas sagradas, abordada na *Política* de Aristóteles, que Bernays utilizou para explicitar a catarse encontrada na *Poética*. Com a música sagrada, um indivíduo tomado de entusiasmo, possuído

---

[36] FREUD, Sigmund. "Autobiografia". In: *Obras completas, volume 16: O eu e o id, 'Autobiografia' e outros textos (1923-1925)*. Tradução de Paulo César de Souza. São Paulo: Companhia das Letras, 2011, p. 96.
[37] BOLLACK, Jean. *Jacob Bernays: un homme entre deux mondes*. Villeneuve d'Ascq: Presses Universitaires du Septentrion, p. 47-56.

por melodias que arrebatam a alma, recupera a serenidade, como se estivesse sob efeito de um remédio ou de uma purificação.[38]

A catarse descrita por Aristóteles na *Política* é muito mais direta do que a provocada pela tragédia. Ela não passa pela representação, pela fábula e pela identificação com os personagens, mas opera agindo sobre a sensibilidade, no nível sensorial. Ali onde a catarse teatral seria mediatizada pela linguagem, a catarse musical seria imediata, isto é, evitaria a mediação da linguagem[39]. Ainda que Bernays provavelmente tenha sido uma das referências de Freud em seu encontro com a catarse, a abordagem dos dois se diferencia notavelmente. Paradoxalmente, o médico Freud será menos fascinado pelo modelo médico da catarse do que seu tio por afinidade. Freud não demora para fazer da catarse não um conceito técnico, mas ético, o que que Lacan buscará demonstrar[40] na ocasião de seu *Seminário 7: A ética da psicanálise*[41].

Das situações que poderiam provocar esse prazer catártico, Freud descarta de cara o espetáculo do

---

[38] ARISTÓTELES. *Política*. Tradução de António Campelo Amaral e Carlos de Carvalho Gomes. S.L.: Editora Vega, 1998, p. 589. (Livro VIII, capítulo VII, 1342a, 7-16)

[39] Essa diferença não é sem importância para pensarmos as implicações terapêuticas que diferenciam os "efeitos" da música dos do teatro.

[40] VIVES, Jean-Michel. "Pavor e compaixão: da catarse trágica ao trágico do ato analítico". Tradução de Paulo César de Souza Jr. In: *Revista Lacuna*, nº 9. São Paulo: 2020. Disponível online em: https://revistalacuna.com/2020/07/27/n-9-06/, acessado em 14 de maio de 2022.

[41] LACAN, Jacques. (1959-1960) *O seminário, livro 7: A ética da psicanálise*. Tradução de Antonio Quinet. Rio de Janeiro: Jorge Zahar Editor, 2008.

sofrimento psíquico, sofrimento insuportável em si caso não seja associado a um motivo que faça o espetáculo se apagar face a um sofrimento moral. Quanto ao sofrimento moral, ele é sempre resultante de um conflito, de acordo com o pai da psicanálise. No drama religioso, o conflito tem lugar entre o indivíduo e as potestades sobrenaturais; no drama social, entre o indivíduo e as forças sociais; no drama de caráter, entre indivíduos dotados de um caráter poderoso; no drama psicológico, entre duas tendências ou aspirações contraditórias em um mesmo personagem. No drama psicopatológico, o conflito teria lugar entre uma tendência consciente e um desejo inconsciente recalcado. Certamente é esta última categoria que detém em especial a atenção de Freud: afinal de contas, não é com um drama psicopatológico que somos confrontados em cada um dos novos encontros que temos com um analisando que vem solicitar nossa ajuda? A luta entre uma tendência consciente e um desejo inconsciente recalcado levaria ao retorno do recalcado *para o primeiro plano da cena* da consciência e implicaria o tratamento do seguinte tema:

> como alguém até então normal se torna neurótico pela natureza singular da tarefa a que ele se propõe, na medida em que uma noção até então recalcada com êxito procura se legitimar.[42]

---

[42] FREUD, Sigmund. (1942 [1905-1906]) "Personagens psicopáticos no palco". In: *Arte, literatura e os artistas*. Tradução de Ernani Chaves. Belo Horizonte: Autêntica, 2021, p. 50.

Quem não é neurótico no início da ação torna-se ao longo da representação. Dado que a neurose é um texto constituído — que a análise buscará abrir de modo a permitir uma nova *representação no palco da transferência* [*mise en jeu sur la scène du transfert*] —, o que caracteriza a neurose em cena é ela estar *em vias de ser representada* [*en train de se jouer*]:

> A tarefa do poeta seria nos transportar para a mesma doença, e isso acontece da melhor maneira, quando acompanhamos o desenvolvimento da doença junto com ele.[43]

Freud então apresenta três condições para o êxito da catarse dramática[44], seguindo de perto o texto da *Poética* de Aristóteles. Para que o espectador possa gozar "tranquilamente" do conflito representado diante de si, convém que nele perceba:

> (1) Que o herói não é psicopático, mas que se torna um pelas ações que pratica. (2) Que a moção recalcada está entre aquelas que em todos nós o é da mesma

---

[43] FREUD, Sigmund. (1942 [1905-1906]) "Personagens psicopáticos no palco". In: *Arte, literatura e os artistas*. Tradução de Ernani Chaves. Belo Horizonte: Autêntica, 2021, p. 51.

[44] Sobre a questão da interpretação freudiana da catarse, remetemos aos trabalhos de: ASSOUN, Paul-Laurent. "L'inconscient théatral: Freud et le théâtre". In: *Insistance*, n° 2. Toulouse: Eres, 2006, p. 27-37. FLORENCE, Jean. "Freud et le théâtre viennois". In: DIDIER-WEILL, Alain. (org.) *Freud et Vienne*. Toulouse: Eres, 2004, p. 19-24. REGNAULT, François. "Katharsis". In: *Em torno do vazio: a arte à luz da psicanálise*. Tradução de Vera Ribeiro. Rio de Janeiro: Contra Capa, 2001.

maneira, cujo recalque diz respeito ao fundamento de nosso desenvolvimento pessoal, enquanto a situação [vivida por Hamlet] abala justamente este recalque. Por meio dessas duas condições torna-se fácil que nós nos reencontremos no herói; somos capazes do mesmo conflito que ele, pois 'quem em certas situações não perde seu entendimento nada tem a perder'. (3) Mas, como condição da forma artística, parece estar o fato de que quanto mais se está seguro de que a moção que luta para chegar à consciência é conhecida, menos ela é chamada por um nome nítido, de tal modo que o processo se completa no ouvinte com atenção diferenciada e ele é acometido por sentimentos em vez de prestar conta deles. Por meio disso, certamente, uma parte da resistência é poupada, tal como se vê no trabalho analítico, no qual os derivados do recalcado, na sequência de uma baixa resistência, chegam à consciência.[45]

É importante, pois, que a forma artística desvele e, no mesmo movimento, vele a natureza dessas moções inconsciente, sem o que restaria ao espectador somente a angústia diante da representação nua e crua do recalcado, além da cólera, do desgosto e da fuga diante de um espetáculo tornado insuportável[46]. Aqui, portanto,

---

[45] FREUD, Sigmund. (1942 [1905-1906]) "Personagens psicopáticos no palco". In: *Arte, literatura e os artistas*. Tradução de Ernani Chaves. Belo Horizonte: Autêntica, 2021, p. 50-51.

[46] Esse retorno esmagador do recalcado é o que o teatro denominado "pós-dramático" expõe regularmente, com todas as consequências de rejeição que isso por vezes pode desencadear.

convém estarmos atentos à questão do desvelamento. A neurotização do personagem implica, do lado do espectador, uma mudança de posição. Com efeito, o espectador contempla uma re-presentação, projeção de sua própria história e dos conflitos que o animam, e encontra-se como que captado por esse conflito. O afeto em jogo é o efeito do retorno, no aqui e agora do jogo dramático, do recalcamento de origem que ocorreu nele, retorno que se revela tão intenso quanto o recalcamento foi violento no passado. O espectador reconhece em cena um sentimento dos mais antigos. Retorna, ali, um afeto já conhecido, mas que fora mantido até então à distância. Em Freud, como se delineava desde Aristóteles, um lugar central é atribuído ao processo de identificação com a imagem do outro por intermédio da compaixão e do medo para explicitar a questão da catarse.

Por que esses dois afetos seriam colocados em jogo preferencialmente pela catarse? A essa pergunta, Aristóteles responde:

> Com efeito, é preciso compor o enredo de tal modo que, mesmo sem o assistir, aquele que escuta o desenrolar dos acontecimentos efetuados possa ser tomado pelo pavor e pelo compadecimento, como ocorrerá com todo aquele que for afetado pela escuta do mito de Édipo.[47]

---

[47] ARISTÓTELES. *Poética*. Tradução de Paulo Pinheiro. São Paulo: Ed. 34, 2015, p. 117-119 (1453b, 1-7).

Anteriormente, Aristóteles já havia feito uma série de recomendações acerca do que é pertinente ver representado para suscitar esses dois afetos:

> De fato, uma vez acordado que a composição da mais bela tragédia não deve ser "simples", mas "complexa", e que tal tragédia deve ser a mimese de fatos temerosos e dignos de compaixão (o que é próprio a essa modalidade de mimese), fica a princípio evidente que não se devem apresentar homens excelentes que passam da prosperidade à adversidade — pois isso não desperta pavor nem compaixão, mas repugnância —, nem homens maus que passam da desventura à prosperidade — isso é o que há de menos trágico, pois nada possui do que convém ao trágico: com efeito, não suscita nem benevolência, nem compaixão, nem pavor —, nem mesmo quando um homem decididamente cruel passa da prosperidade à adversidade — pois tal maneira de tramar os fatos pode ter a ver com a expectativa humana, mas não suscita nem compaixão nem pavor, pois aquela diz respeito ao que vive a adversidade sem a merecer, enquanto este à adversidade que afeta um semelhante, ou seja, a compaixão ocorre em relação ao que não merece; o pavor, em relação ao semelhante, e assim tal ação não suscitará nem compaixão nem pavor.[48]

A compaixão, diz-nos Aristóteles, é dirigida a um homem que não mereceu sua adversidade, ao passo que

---
[48] *Idem,* p. 111-113 (1452b, 30-1453a, 10).

o pavor se volta à adversidade de um semelhante. Esses dois afetos, compaixão e pavor, retiram sua potência do fato de suscitarem a identificação: se isso ocorreu a meu semelhante, pode ocorrer a mim. Disto resulta que uma identificação é suposta na escolha destas duas emoções e que, sem ela, não haveria motivos para que existissem apenas estes dois afetos como próprios da tragédia[49]. A partir destes dois afetos ligados, segundo Aristóteles, por uma relação de analogia — que poderíamos sintetizar por: sentir pavor é temer por si mesmo; sentir compaixão é temer pelo outro —, o espectador se vê profundamente implicado. É a violência desta implicação que nos permitiria delinear as implicações [*enjeux*] da catarse para Aristóteles e que interpretamos, depois de Freud, em termos de identificação.

Mas a possibilidade de identificação não é "automática" e implica a representação de personagens que tenham características específicas. Para Aristóteles, a situação ideal é

> aquela do homem que, sem se distinguir muito pela virtude e pela justiça, chega à adversidade não por causa de sua maldade e de seu vício, mas por ter cometido algum erro; como no caso daqueles entes que obtiveram grande reputação e prosperidade, como Édipo, Tiestes e os homens ilustres provenientes de grandes famílias.[50]

---

[49] Retomo aqui as formulações bastante esclarecedoras de François Regnault. REGNAULT, François. "Katharsis". In: *Conférences d'esthétique lacanienne*. Paris: Agalma, 1997, p. 81-94.
[50] ARISTÓTELES. *Poética*. Tradução de Paulo Pinheiro. São Paulo: Ed. 34, 2015, p. 113-115 (1453a, 5-15).

Com efeito, as implicações [*enjeux*] identificatórias da catarse funcionariam a partir do momento que fosse apresentado um homem nem virtuoso nem mau em excesso, homem cuja adversidade decorreria de algum erro. Não seria este o retrato do neurótico que, para retomar as palavras de Freud, não é apenas mais imoral do que julga ser... mas também mais moral do que sequer sabe?

> Assim, para atingir a beleza é preciso que [...] a reversão da fortuna não ocorra em função da passagem da adversidade à prosperidade, e que se dê não por causa da maldade, mas em função de um grande erro cometido pelo herói [...].[51]

Processo de identificação que Freud irá articular à questão da ilusão e do jogo[52]. Na verdade, como Aristóteles também já havia percebido, o jogo aqui é central.

De fato, a ação de mimetizar se constitui nos homens desde a infância, e eles se distinguem das outras criaturas porque são os mais miméticos e porque recorrem à mimese para efetuar suas primeiras formas de aprendizagem, e todos se comprazem com as mimeses realizadas.[53]

---

[51] *Idem*, p. 115 (1453a, 10-20).
[52] Sobre esse tema, podemos nos reportar à palestra dada por Octave Mannoni à Sociedade Francesa de Psicanálise em 3 de junho de 1958: "O teatro do ponto de vista do imaginário". MANNONI, Octave. (1969) "A ilusão cômica". In: *Chaves para o imaginário*. Tradução de Lígia Maria Pondé Vassalo. Petrópolis: Vozes, 1973, p. 167.
[53] ARISTÓTELES. *Poética*. Tradução de Paulo Pinheiro. São Paulo: Ed. 34, 2015, p. 57 (1448b, 4-10). [Nota do tradutor: na tradução francesa

É o que Freud retoma em diversos momentos de sua obra, em especial no texto "Personagens psicopáticos no palco", da seguinte maneira:

> O olhar participativo durante [um jogo-de-espetáculo] possibilita ao adulto o mesmo que [o jogo] possibilita à criança, cuja tocante expectativa pode ser igualmente tão satisfatória para o adulto.[54]

Desse modo, o teatro permitiria ao espectador — mas também ao ator — gozar *perifericamente* de suas moções recalcadas colocadas em jogo na cena. O espectador — e o ator — poderiam se aproximar e jogar com elas, protegidos pelo "como se" próprio ao teatro.

O mesmo não se dá no palco da transferência, onde não existe esta proteção. Caso a transferência seja bem

---

utilizada por Vives, temos "representação" em vez de "mimese". Em todo caso, mantivemos a tradução de Paulo Pinheiro por explicitar o caráter imaginário evocado acima na citação de Mannoni.]

[54] FREUD, Sigmund. (1942 [1905-1906]) "Personagens psicopáticos no palco". In: *Arte, literatura e os artistas*. Tradução de Ernani Chaves. Belo Horizonte: Autêntica, 2021, p. 45. [Tradução modificada.] Essa tese será retomada e desenvolvida em 1908, no texto "O escritor e a fantasia": "Talvez possamos dizer que toda criança, ao brincar, se comporta como um criador literário, pois constrói para si um mundo próprio, ou, mas exatamente, arranja as coisas de seu mundo numa ordem nova, do seu agrado. Seria errado, portanto, pensar que ela não toma a sério esse mundo; pelo contrário, ela toma sua brincadeira muito a sério, nela gasta grandes montantes de afeto. O oposto da brincadeira não é a seriedade, mas sim — a realidade". *Idem*. (1908) "O escritor e a fantasia". In: *Obras completas, volume 8: O delírio e os sonhos na Gradiva, Análise da fobia de um garoto de cinco anos e outros textos (1906-1909)*. Tradução de Paulo César de Souza. São Paulo: Companhia das Letras, 2015.

implementada em um espaço de ilusão, como demonstramos anteriormente, este será vivido com um sentimento de atualidade bem diferente do espaço de ilusão teatral. Ele será caracterizado pela adesão do analisante ao que acontece no palco da transferência. Poderíamos dizer que o espectador "ideal", aquele que adere totalmente à fábula (como aquelas criadas por Bernini ou Orson Welles), é o espectador-ator que sobe ao palco transferencial. Nesse caso, sem a proteção do lúdico "como se" teatral, mas sim com a atualidade violenta do desejo inconsciente que se reencena [*rejoue*] praticamente sem mediação...

É aqui que a dimensão est*ética* introduzida na condução da cura permite não a deixar tão somente na representação do teatro particular e em sua denunciação como erro.

Na verdade, a ética analítica conduz o psicanalista a não se centrar prioritariamente no critério de interpretação e de liquidação da transferência, pelo menos não como objetivo a ser alcançado no decurso da cura, pois, se há um mal-entendido aqui, ele é de estrutura e, portanto, intransponível. O objetivo, então, seria menos desenganar o analisante interpretando para ele o quanto se equivoca ("Você se dirige a mim como se eu fosse seu pai..."), do que sustentar o irrepresentado do inconsciente, sua alteridade radical. Há no inconsciente um resto sempre não reconhecido com qual convém *compor*[55]. É a demanda

---

[55] Em francês, *composer* tem o duplo sentido de "fazer com" e de "dar forma", como poderíamos fazer com as notas musicais para compor uma canção.

que será interpretada, indicando assim seu além, que é a demanda de amor, e seu aquém, que é o desejo, com aquilo que o caracteriza, a saber, sua relação com o objeto causa do desejo.

Em "Subversão do sujeito e dialética do desejo no inconsciente freudiano"[56], Lacan apresenta o funcionamento da análise como o surgimento, para o analisante, de um *Che vuoi?* ("Que quer você?") que, pela natureza enigmática do desejo do analista, leva-o a encarar qual é o objeto causa de seu desejo. O paciente tenta de início se constituir como objeto para o psicanalista, tenta identificar onde se situa o gozo do analista para se constituir como o provedor dele. É a não resposta do analista, essa colocação em causa da demanda, que vai operar no paciente um deslocamento que se manifestará pelo surgimento do *Che vuoi?* e, por isso mesmo, introduzirá a questão do desejo e sua causa.

É claro que isso não se dará pela aplicação de um saber constituído no qual seria necessário iniciar o paciente, mas pela reinvenção da psicanálise com e por cada um de nossos analisantes. Em 1979, ao final de um importante colóquio dedicado à transmissão, Lacan, um pouco desencantado, interpela de forma um tanto brutal seus alunos:

> Tal como eu a penso agora, a psicanálise é intransmissível. Isto é uma chatice. É uma chatice que cada analista

---

[56] LACAN, Jacques. (1960). "Subversão do sujeito e dialética do desejo no inconsciente freudiano". In: *Escritos*. Tradução de Vera Ribeiro. Rio de Janeiro: Jorge Zahar Editor, 1998, p. 807-842.

seja forçado — pois ele precisa ser forçado — a reinventar a psicanálise.[57]

O que caracteriza o psicanalista é menos seu saber do que a posição que ele ocupa em relação a esse saber. É uma atitude essencial que Lacan chama de semblante. Mas aqui é preciso entender semblante em um sentido diferente daquele que lhe atribuíamos normalmente, que consiste em um "fazer como se", um "simular". O semblante colocado por Lacan não é um artifício, é menos uma atitude afetada em relação aos outros do que uma relação particular consigo mesmo, tornando possível o acolhimento do outro.

Trata-se aqui, de fato, da castração, mas primeiramente, da castração do analista. O analista em posição de mestre[58] com certeza é um analista tocado pela castração, mas cujo saber buscaria manter à distância esse ponto estrutural de não saber.

Em última instância, uma est*ética* da psicanálise[59] consiste em reconhecer como a análise conduz à confrontação inevitável com a castração, não para nela se deter, mas para dela fazer uso. Castração que vem barrar o gozo, mas também fazer sua redistribuição, sua repartição. Este acesso à castração passa entre o

---

[57] LACAN, Jacques. (1979). "La transmission". In: *Letters de l'École freudienne*, nº 25, volume 2, p. 219.

[58] Isto é mais comum do que podemos imaginar...

[59] VIVES, Jean-Michel. "Por uma est*ética* da psicanálise". In: PIZZIMENTI, Enzo; ESTEVÃO, Ivan. Ramos; CORSETTO, Patrizia. (orgs.) *Tática, estratégia e política da psicanálise*. São Paulo: Calligraphie Editora, 2022, p. 265-282.

mal-entendido [*méprise*] e o desprendimento [*déprise*], numa retomada [*reprise*] que poderíamos identificar como um processo de desvelamento cuidadosamente adiado do desejo inconsciente no palco da transferência. Tomada desta forma, a análise revela-se um saber lidar [*savoir y faire*] com a castração que não seja nem desmentido nem denegação, mas criação a partir de um artifício implementado no palco transferencial, de um novo agenciamento do inconsciente, de um desejo inédito. Partindo disto, a psicanálise não visa uma cura que seja o retorno a um estado anterior, mas constitui um modo e uma via de reconhecimento da verdade do inconsciente, incluindo nisso o que ela comporta de insuportável e perturbador. Esse reconhecimento, porém, não é sem consequências na dinâmica pulsional, e inaugura um processo de subjetivação até então custoso, senão impossível. Vendo desta perspectiva, o psicanalista não visa a restauração do paciente pela imposição de um sentido, mas sim conduzir o analisante a confrontar-se com a irredutibilidade da falta inscrita no próprio âmago do sentido, confrontação esta que o levará a abrir mão de estruturar seu mundo de modo a torná-lo conforme a uma finalidade pré-existente. Se a análise, no entanto, conduz o analisante a não mais interpretar segundo o sentido de uma finalidade ilusória, isto implicaria que ao final dela, estando desiludido, o sujeito seria levado a ocupar uma posição pessimista, senão melancólica, como por vezes escutamos dizer no meio analítico? Penso que não, pois o fato de se desiludir não leva à perda da possibilidade de se surpreender e, portanto, de investir objetos. A diferença talvez resida no fato de que esses objetos passam a ser, a partir de então, investidos por aquilo que são: não mais o objeto absoluto do desejo que é radicalmente faltante, mas objetos para o desejo. Objetos furados pelo desejo que permitem ao sujeito investi-los sem com isso alienar-se neles e deles esperar uma completude qualquer.

... a uma
ESTÉTICA
da *cura*
psicanalítica

PARA introduzir este capítulo, gostaríamos de propor uma interpretação a respeito da supressão, por Max Graf, do último parágrafo do texto de Freud quando da publicação da tradução em inglês, em 1942. Permitindo-nos abordar um para-além da estética aristotélica — estética na qual Freud claramente se inscreve —, tal hipótese nos levará a evidenciar o aporte est*ético* de "Personagens psicopáticos no palco" e demonstrar em que este texto esclarece o que se passa no palco da transferência.

No último parágrafo de seu texto, Freud pretende abordar o que funciona ou não na cena teatral quando o espectador é confrontado com manifestações psicopatológicas. Aparentemente, a elaboração destas observações foi provocada pela decepção que Freud experimentou na ocasião da representação de uma peça de Hermann Bahr (*Die Andere* — *A Outra*), apresentada em Viena em novembro de 1905: Freud critica duramente a obra ao final de seu texto; voltaremos a isso. A questão que se impõe a ele é a de saber sob que condições o teatro pode colocar o espectador em contato com o sofrimento psicopatológico, garantindo-lhe, a despeito disso, o prazer estético que espera obter da representação.

Ao longo do parágrafo suprimido por Max Graf, Freud arrisca-se no terreno da crítica literária e tenta mostrar por que a obra de Hermann Bahr, *A Outra*[1], desobedecendo à regra de "incompletude" que ele propõe em "Personagens psicopáticos no palco", não seria uma "boa peça":

> o terceiro [erro], o de que nada deve permanecer obscuro e que a completa resistência contra essa condição do amor, *que não nos agrada*[2], é despertada em nós. A condição da atenção flutuante parece ser a mais importante das condições formais válidas aqui.
>
> Em geral, deve ser permitido que a instabilidade neurótica do público e a arte do poeta em evitar resistências e propiciar um prazer preliminar podem caracterizar apenas os limites da utilização de caráter anormais.[3]

Ora, não é irrelevante recordar aqui que o próprio Max Graf era crítico e, aliás, um crítico da vanguarda vienense, o que não é o caso de Freud, que sabemos ter mantido distância da efervescência que caracterizou a vida artística da cidade (a Segunda Escola de Viena em música: Schönberg, Berg, Webern; a Secessão, com

---

[1] A ação é dominada pela dupla personalidade da heroína que experimenta a impossibilidade de se libertar da dependência em relação a um homem.

[2] Grifo do autor.

[3] FREUD, Sigmund. (1942 [1905-1906]) "Personagens psicopáticos no palco". In: *Arte, literatura e os artistas*. Tradução de Ernani Chaves. Belo Horizonte: Autêntica, 2021, p. 51.

Gustav Klimt na pintura e Hermann Bahr[4] no teatro). Ora, o que Freud reprova na obra de Bahr, exatamente? Ela lhe parece brutal demais, expondo de forma demasiado crua a personagem e suas motivações em cena. Com isso, a peça arriscaria tornar impossível a identificação e ergueria as resistências do espectador, que não poderia mais gozar tranquilamente das fantasias que o autor não teria velado suficientemente em sua colocação em forma artística.

Poderíamos dizer que Freud antecipa aqui o debate que aparecerá alguns anos mais tarde em torno do teatro qualificado de pós-dramático[5]. Com efeito, as formas teatrais surgidas ao longo do século XX, qualificadas de pós--dramáticas, pretenderam ser resoluta e essencialmente não aristotélicas. Enquanto toda estética teatral até então — isto é, mais de 2500 anos de produções dramáticas — mediam-se pela régua das propostas de Aristóteles, enunciadas na *Poética*[6], o teatro pós-dramático reivindica sua autonomia em relação a estas prescrições e propõe justamente um descentramento que parece posicionar a

---

[4] Hermann Bahr cuja obra é posta em questão por Freud no último parágrafo que aqui tratamos e que, na primeira edição da revista *Ver Sacrum*, definia desta forma os objetivos da Secessão: "Nossa arte não é um combate entre artistas antigos e modernos, mas a promoção das artes contra os mascates que se fazem passar por artistas e que têm o interesse comercial de não deixar a arte florescer. O comércio ou a arte, eis a questão de nossa Secessão. Não se trata de um debate estético, mas de uma confrontação entre dois estados de espírito."
[5] LEHMANN, Hans-Thies. (1999) *Teatro pós-dramático*. São Paulo: Cosac & Naify, 2008.
[6] Mostramos anteriormente o quanto Freud permanece aristotélico ao pensar as questões [*enjeux*] psíquicas do teatro.

dimensão espetacular no cerne de seu dispositivo. Este descentramento pode ser observado na passagem do textocentrismo para o cenocentrismo[7], como propõe Catherine Naugrette. Por esse deslocamento o diretor, "poeta da cena", torna-se mais importante que o autor--dramaturgo, poeta das palavras. De fato, no teatro pós--dramático, a fábula frequentemente é secundária em relação a uma escrita cênica basicamente remetida ao diretor para que os efeitos visuais, por vezes chocantes, interroguem o que significa olhar. Se, etimologicamente, "teatro" é o lugar aonde se vai ver, essa questão parece nunca ter sido tão candente quanto nos últimos vinte anos. Os efeitos disso foram sentidos violentamente na ocasião do Festival de Avignon de 2005, edição dedicada justamente aos "poetas da cena", como anunciava o programa. As reações veementes à performance de *História das lágrimas*[8], pelo grupo de Jan Fabre, na abertura do 59º festival — que desencadeou paixões, levando à incompreensão, senão à rejeição os espectadores, mas também críticos e artistas[9] —, foram testemunho disso. A dimensão do corpo e da sensorialidade da peça propõe menos uma estética da re-presentação do que da re-presença, mais *Darstellung* do que *Vorstellung*, para retomar a diferenciação anteriormente exposta. As proposições

---
[7] NAUGRETTE, Catherine. "Du cathartique dans le théâtre contemporain". In: DARMON, J-C. (org.) *Littérature et thérapeutique des passions. La catharsis en question*. Paris: Hermann, 2011, p. 173.
[8] Nota do tradutor: o texto, a cenografia e a coreografia são do próprio Jan Fabre, dramaturgo belga.
[9] BANU, Georges; TACKELS, Bruno. (orgs.) *Le cas Avignon 2005. Regards critiques*. Paris: L'entretemps, 2005.

aristotélicas que outrora orientaram a bússola teatral e freudiana não estão mais no cerne da feitura teatral. Assim, o texto, se houver um, enfatiza cada vez mais uma escrita fragmentária, pedaços de texto agenciados livremente. O teatro se faz fora da peça, privilegiando a cena, onde os *designers* de teatro exibem pedaços da "prosa do mundo". Prosa que se faz menos ouvir, dando-se mais a ver. O teatro pós-dramático propõe menos uma escrita dramática do que uma escrita cênica.

Se a catarse — como testemunho da identificação com o personagem e da construção da fábula — se esvaiu, o catártico, que podemos definir a partir de Catherine Naugrette como o que excede — em todos os sentidos do termo — a representação e, por conseguinte, a identidade e o que esta sustenta, o corpo, o catártico invade o texto dramático, a representação teatral e o discurso crítico. Lá onde a catarse solicitava pavor e compaixão em uma representação (*mimese*), o catártico se faz onipresente enquanto trabalho de representação. Isto por vezes exige que os atores sejam postos em perigo, expostos em sua carne para além dos exercícios e exigências convencionais à profissão, em proximidade corporal direta, sem a relação protetora de delegação do jogo teatral, do "como se"... Enfim, o texto pode vir da fonte que for: sujeito à montagem, à colagem... à descontinuidade. O tempo pode muito bem se estender ao infinito, como em Robert Wilson[10], ou se acelerar. A lei tradicional das três unidades (lugar, tempo, ação), que era o princípio

---

[10] Nota do tradutor: Robert Wilson (1941-) é um dramaturgo, coreógrafo, escultor e pintor norte-americano.

organizador de um teatro psicológico, de um teatro do eu e da identificação, já não existe.

O teatro pós-dramático se baseia em práticas de ruptura, de multiplicação de quadros, de solicitações sensoriais, de eclosão da narrativa, de pulverização dos caracteres a ponto de chegar a desaparecer qualquer personagem identificável como um "eu" [*moi*], práticas que propõem uma nova questão [*enjeu*] a respeito não somente da relação entre palco e plateia, espectador e ator, dramaturgo e diretor, texto e encenação, mas também entre afeto e representação. Esta nova forma de colocar a questão se joga, encena e decide [*joue*], de início, no registro da identificação: a identidade não é apenas mutável, mas, quem sabe, impossível.

Isto implica que o público possa ser empurrado, deslocado, desestabilizado... às vezes até o limite do suportável. Isto *que não nos agrada,* como disse Freud ao fim de seu texto, admitindo desta forma sua impossível adesão àquela forma teatral emergente. Talvez fosse preciso ser "puétobastante"[11] para perceber os primeiros indícios do

---

[11] "Je ne suis pas assez pouâte, je ne suis pas pouatassé". LACAN, Jacques. (1977). *O seminário: L'insu que sait de l'une-bévue s'aile à mourre*", aula de 17 de maio, inédito. [Nota do tradutor: o autor nos informa de que se trata, muito provavelmente, de uma referência ao poema «Air du poète», de Léon-Paul Fargue (1876-1947): «Au pays de Papouasie/ J'ai caressé la Pouasie/ La grâce que je vous souhaite/ C'est de n'être pas Papouète». Os versos poderiam ser vertidos para: "Na terra de Nampuesía/ Ali, afaguei a puesía./ Uma graça espero, só esta:/ A de não ser Nampuéta." Segundo o autor, seria preciso ouvir Lacan imprimindo um tom pretencioso à palavra *poète*, algo de queixoso, de desgostoso ("puah!"), bem como uma ressonância onomatopeica com a buzina: *pouat-pouat!* Nossa proposta, nesse sentido, é que se ouça aqui o "puéta" e o "fué".]

que se tornaria o teatro de alguns anos mais tarde, mas também "puéta, mas não bastante" para rejeitá-lo. É esse "puéta, mas não bastante" que Max Graf, com sua versão rasurada do texto — essa é minha hipótese — tentará dissimular da posterioridade em 1942, momento em que as principais obras de James Joyce e os primeiros textos de Beckett já haviam sido lançados. Max Graf, enquanto artista, não titubeava diante destas novas formas e provavelmente desejava que Freud fizesse o mesmo.

Se, como acabamos de ver, "Personagens psicopáticos no palco" pode dar lugar a uma estética psicanalítica, tentaremos agora demonstrar que este texto também é, para além do presente questionamento, uma reflexão sobre os desafios [*enjeux*] da direção da cura e, portanto, um texto de técnica e de ética psicanalítica. Reencontraremos aqui nosso fio condutor acerca da cena transferencial e sua importância para pensar a direção da cura.

Freud defendeu desde muito cedo a hipótese de que o inconsciente implica em não poder existir harmonia entre o homem e o mundo, supondo, pelo contrário, como pôde afirmar Lacan ao abordar a questão da tragédia em seu seminário sobre *A ética da psicanálise*,

> que a ação do homem, seja ele são ou doente, seja ela normal ou mórbida, tem um sentido escondido para o qual se pode dirigir. Nessa dimensão, a noção é concebida, de início, a partir de uma catarse que é purificação, decantação, isolamento de planos.[12]

---

[12] LACAN, Jacques. (1959-1960) *O seminário, livro 7: A ética da psicanálise*. Tradução de Antonio Quinet. Rio de Janeiro: Jorge Zahar Editor, 2008, p. 365.

A partir disso, é possível afirmar que o teatro, e mais especificamente a tragédia, gênero estudado por Freud em "Personagens psicopáticos no palco", ilustra o princípio segundo o qual o passado é esclarecido pelo que é produzido no aqui e agora. Manifestações transferenciais se infiltram em segmentos inteiros de minha história que, sem que eu o saiba, agem sobre a cena transferencial. Daí, para Freud em 1905, a interpretação se revela essencialmente uma arte do desvelamento. Desvelamento que é, em última instância, o da relação do homem com seu desejo.

Este argumento é formulado por ele da seguinte forma:

> Mas, como condição da forma artística, parece estar o fato de que quanto mais se está seguro de que a moção que luta para chegar à consciência é conhecida, menos ela é chamada por um nome nítido, de tal modo que o processo se completa no ouvinte com atenção diferenciada e ele é acometido por sentimentos em vez de prestar conta deles. Por meio disso, certamente, uma parte da resistência é poupada, tal como se vê no trabalho analítico, no qual os derivados do recalcado, na sequência de uma baixa resistência, chegam à consciência.[13]

Quando as questões inconscientes [*enjeux inconscientes*] se desvelam, quando as diferentes camadas de um

---

[13] FREUD, Sigmund. (1942 [1905-1906]) "Personagens psicopáticos no palco". In: *Arte, literatura e os artistas*. Tradução de Ernani Chaves. Belo Horizonte: Autêntica, 2021, p. 50-51.

conflito são diferenciadas, as coisas não permanecem as mesmas para o sujeito. Esta experiência de desvelamento, que é uma das condições do prazer estético, está também no cerne da direção da cura: a confrontação com o desejo inconsciente do sujeito, próprio do processo da cura, passa a ser situada no próprio movimento de desvelamento cuidadosamente adiado. A tragédia e os movimentos afetivos encenados no palco transferencial dependem, ambos, de um processo de desvelamento.

Esse desvelamento é *interpretado* por alusões sutis do dramaturgo[14], mas encontra sua força de ação no espectador, à revelia dos protagonistas; isto implica que o dramaturgo não pode exprimir completamente a seu herói todos seus segredos e motivações. O personagem é apenas o porta-voz das moções inconscientes que só podem se meio-dizer. Se *meio-dizer*, como falará Lacan[15].

Esta impossibilidade estrutural de tudo dizer implica que a cura se liga a um processo de desvelamento, o que talvez nos permita compreender por que Freud, nos

---

[14] Aqui, poderíamos substituir dramaturgo por psicanalista e o espectador por analisando, tamanha é a analogia entre a dinâmica descrita por Freud e a cena da transferência.

[15] LACAN, Jacques. (1972-1973) *O seminário, livro 20: Mais, ainda*. Tradução de M.D. Magno. Rio de Janeiro: Jorge Zahar Editor, 1985, p. 124. [Nota do tradutor: para traduzir *mi-dire*, M.D. Magno propõe "semi-dizer", solução questionada por Vera Ribeiro, que a verte por "meio-dizer". O argumento desta última vai no sentido de que "semi--dizer" implicaria um suposto todo possível do qual se diria apenas a metade. Optamos por segui-la aqui. Cf. n.3 a LACAN, Jacques. "Prefácio a uma tese". In: *Outros escritos*. Rio de Janeiro: Jorge Zahar Editor, 2001, p. 390.]

primórdios da construção do edifício teórico-clínico da psicanálise, apoiou-se no *Édipo Rei*, de Sófocles. Não é tanto o modelo que a fábula oferece ao hoje célebre complexo, mas o avanço implacável da tragédia o que esclarece as etapas da cura psicanalítica.

> O enredo da peça consiste em nada mais do que a revelação progressiva e engenhosamente [adiada] — *semelhante ao trabalho de uma psicanálise*[16] — de que o próprio Édipo é o assassino de Laio e filho do assassinado e de Jocasta[17].

Com efeito, parece-nos evidente que a obra ilustra menos o complexo de Édipo tal qual Freud poderá elaborar pouco a pouco, do que os desafios [*enjeux*] do desvelamento da tragédia e, por conseguinte, da cura. Freud não deixará de perceber que o momento no qual Édipo se mostra mais edipiano — no sentido em que Freud o entende — é quando foge de Corinto, onde viviam seus pais adotivos, movido pelo temor de realizar seu desejo inconsciente brutalmente revelado pelo oráculo de Delfos, e não quando ele o realiza de fato, a seu despeito, ao matar o pai e desposar a mãe. Seria possível, assim, sustentar a hipótese de que a questão [*enjeu*] da referência freudiana ao *Édipo Rei* de Sófocles se situa tanto, se não mais, na confrontação com o lento

---
[16] Grifo do autor.
[17] FREUD, Sigmund. (1899-1900). *A interpretação dos sonhos*. Tradução de Paulo César de Souza. São Paulo: Companhia das Letras, 2019, p. 302. [Tradução modificada.]

desvelamento — comum à tragédia e à cura psicanalítica —, quanto na escolha de objetos evidenciada pela obra. Eis toda a diferença, se seguirmos Freud em sua rigorosa demonstração, entre o dramaturgo engenhoso e aquele que põe os pingos nos is e impõe suas teses[18]. São estes furos enigmáticos quanto às motivações do personagem que complementam a atividade inconsciente do espectador da obra-prima teatral, oferecendo o gozo estético esperado. Esta tese será retomada em 1916 em "Alguns tipos de caráter encontrados na prática psicanalítica". A natureza do efeito catártico experimentado no teatro seria, então, resultado não somente da identificação com o herói, mas também daquilo que vem à luz para o espectador durante a representação. Um exemplo deste funcionamento será dado por Freud, quando de sua análise do monólogo inicial de *Ricardo III*, de Shakespeare.

> Eu, no entretanto,
> que não nasci para essas travessuras
> desportivas, nem para declarar-me
> a um espelho amoroso; eu, que me vejo
> cunhado por maneira tão grosseira,
> carecente de dotes insinuantes
> para me pavonear ante uma ninfa

---

[18] Poderíamos dizer também que essa é a diferença entre o "destruidor de almas", que aplica a psicanálise como um inquisidor poderia aplicar suas perguntas, e o psicanalista que, preocupado com o tato, buscará o desvelamento do inconsciente na temporalidade, levando em conta os efeitos de perlaboração.

de frívolos requebros; eu, que me acho
falto de proporção, logrado em tudo
por uma natureza enganadora,
deformado, incompleto, antes do tempo
lançado ao mundo vivo, apenas feito
pela metade, tão monstruoso e feio
que os cães me ladram, se por eles passo...
eu, em suma, nesta época abatida
de paz amolentada, não conheço
outra maneira de passar o tempo,
a não ser contemplando a própria sombra,
quando o sol a projeta, ou comentando
minha deformidade. Se não posso
tornar-me o amante que divirta os dias
eloquentes e alegres, determino
conduzir-me qual biltre rematado
e odiar os vãos prazeres de nossa época.[19]

Freud tenta mostrar a desproporção entre as racionalizações feitas pelo herói e o conflito que, no cerne da obra, o agita a contragosto.

Mas é uma sutil economia da arte do poeta o fato de ele não deixar que seu herói exprima de forma aberta e integral todos os segredos de sua motivação. Assim ele nos obriga a completá-los, solicita a nossa atividade intelectual, afasta-a do pensamento crítico e nos

---

[19] SHAKESPEARE, William. (1593) "Ricardo III". In: *Teatro completo — Dramas históricos*. Tradução de Carlos Alberto Nunes. Rio de Janeiro: Ediouro/Agir, 2019.

mantêm presos à identificação com o herói. Em seu lugar, um ignorante daria expressão consciente a tudo o que ele pretende nos comunicar, e se defrontaria com a nossa inteligência fria e desembaraçada, que torna impossível o aprofundamento da ilusão.[20]

O motivo explícito que Ricardo III fornece deve ser completado por um outro, que convém adivinhar. Freud nos conduz ao cerne deste processo de desvelamento. Ele comenta da seguinte forma as racionalizações do herói:

> "Eu me entedio nesta época ociosa e pretendo me divertir. Mas como, sendo disforme, não posso me entreter como amante, farei papel de malvado, cuidarei de intrigas, assassinatos e o que mais me aprouver".[21]

Esta argumentação esconde um outro motivo que Freud lê no rancor e na exatidão com as quais o herói descreve sua deformidade. Somente esta motivação permite sustentar a identificação com o personagem:

> "A natureza cometeu uma grave injustiça comigo, ao me negar as belas proporções que conquistam o amor humano. A vida me deve por isso uma reparação, que eu tratarei de conseguir [...]".[22]

---

[20] FREUD, Sigmund. (1916) "Alguns tipos de caráter encontrados na prática psicanalítica". In: *Obras completas, volume 12: Ensaios de metapsicologia e outros textos (1914-1916)*. Tradução de Paulo César de Souza. São Paulo: Companhia das Letras, 2010, p. 260.
[21] *Idem*, p. 258.
[22] *Idem*, p. 259.

É o desvelamento em cena deste segredo em segundo plano que nos permite experimentar a simpatia pelo herói, apesar dos crimes por ele perpetrados, e nos identificar com ele pela compaixão e o pavor evocados. Como ele, somos todos "prejudicados"[23] pela vida pois fomos todos desalojados daquela posição onipotente que Freud cravou com a expressão *His Majesty, the Baby*[24]. O teatro "psicopatológico" torna-se, então, o lugar onde *se encarnam* e se *encenam* [*jouent*], nas ações, as forças intrapsíquicas que operam em cada um de nós, permitindo-nos experimentar as possibilidades de nossa condição humana e inconsciente. Igualmente, é o que se desdobrará no palco da transferência. Por fim, é na potência de presentificação alusiva e na redistribuição dos afetos que residem a eficácia real e os efeitos da colocação em jogo teatral [*mise en jeu théâtrale*] no palco transferencial.

Se o teatro é a atualização, no ator e no espectador, de uma fala vinda do Outro, "Personagens psicopáticos no palco" permite-nos compreender que, tanto na cura quanto no teatro — partindo, no entanto, de modalidades bem distintas —, o sujeito poderá se confrontar com aquilo que ele foi, com aquilo que poderia ter sido, com aquilo que ele deveria ter sido, com aquilo que ele amava, aquilo que só por um erro... É para a descontinuidade

---

[23] ASSOUN, Paul-Laurent. *Le préjudice et l'idéal*. Paris: Anthropos, 1999, p. 10-13.
[24] FREUD, Sigmund. (1916) "Introdução ao narcisismo". In: *Obras completas, volume 12: Ensaios de metapsicologia e outros textos (1914-1916)*. Tradução de Paulo César de Souza. São Paulo: Companhia das Letras, 2010, p. 37.

introduzida pela ficção (teatral ou transferencial) no campo mais íntimo da experiência do sujeito e para os efeitos deste artifício na dinâmica subjetiva que Freud chama nossa atenção em seu texto de 1905-1906. É por esta convocação à experiência que o espectador e o analisante são solicitados tomar posição[25]. Posição que, tanto no campo do teatro quanto no da análise, faríamos bem em qualificar de ética, pois ambas implicam um processo de subjetivação. Tal como um espectador de teatro, parece dizer-nos Freud, o analisante supera a oposição entre ficção e realidade, e, a partir disso, vivencia experiências que não teriam somente sido rejeitadas ou reforçado as resistências em outra situação, mas situações que permitem também considerar novas possibilidades e experimentar a desarticulação do *je* e do *moi*. A cena do teatro, como a da transferência, é um espaço onde se pode experimentar que "Eu é um outro" [*Je est um autre*] sem, com isso, se perder. Mas como já indicamos, no teatro o espectador terá essa experiência protegido pela mágica do "como se", ao passo que no palco da transferência ele a sofrerá em seu corpo defendendo-se e pagando um preço alto: o da confrontação com a castração.

Disso, Freud propõe e enfatiza que aprendamos com dramaturgos, diretores e atores.

> Pois o neurótico é para nós alguém de cujo conflito não se pode obter nenhum conhecimento, se ele o traz

---

[25] Nota do tradutor: a expressão *prendre position* pode aqui ser lida tanto como "assumir um posto", "tomar posição", quanto "tomar partido".

pronto. Ao contrário, se conhecemos este conflito, nós o esquecemos, pois ele é um doente, assim como ele acaba por se tornar doente, quando passa a conhecer seu conflito.[26]

O caminho que Freud nos indica aqui, apoiando-se no modelo da tragédia, é justamente o que implica o desvelamento e a revelação. Não convém, portanto, buscar diretamente a resposta aos enigmas que a clínica nos apresenta concentrando-nos somente aos sintomas, mas sim tentar discernir a transferência para que pouco a pouco o desejo inconsciente possa se des-cobrir. Assim, como o espectador do teatro, o analista deverá aceitar que a descoberta de uma construção neurótica se faz lentamente, progressivamente e parcialmente. É Sófocles, em seu *Édipo Rei*, quem nos fornece o modelo disso. Freud o percebe desde seu trabalho inaugural, *A interpretação dos sonhos*, e continuará atento a isso ao longo de toda sua obra: o dramaturgo conduz pouco a pouco o herói e o espectador a descobrirem, por detrás do rei, o regicida e, ainda mais perturbador que isso, por trás do regicida, o parricida[27]. De sua parte, o analisante, contrariamente ao espectador, resistirá a essa descoberta até que ela se imponha como incontornável a ele.

---

[26] FREUD, Sigmund. (1942 [1905-1906]) "Personagens psicopáticos no palco". In: *Arte, literatura e os artistas*. Tradução de Ernani Chaves. Belo Horizonte: Autêntica, 2021, p. 51.
[27] FREUD, Sigmund. (1899-1900). *A interpretação dos sonhos*. Tradução de Paulo César de Souza. São Paulo: Companhia das Letras, 2019, p. 302.

O dispositivo trágico analisado por Freud revela-se, em última instância, o lugar onde se encontram modelizados de forma mais precisa os tempos lógicos da cura[28]. O instante de ver, onde se expõe o devir "psicopático" do personagem ou do paciente; o tempo para compreender, onde o dramaturgo ou o analista estabelecem as condições do desvelamento da verdade cuidadosamente adiado e, por fim, o momento de concluir no curso do qual o personagem ou o paciente se veem confrontados com a temporalidade específica criada pelo futuro anterior: "Eu terei, pois, sido isto" [*J'aurai donc été cela*]. Em última análise, é por um mesmo movimento de desvelamento que o fim do drama no palco do teatro e o final do drama no palco da transferência chegam à sua conclusão.

Este desvelamento que levará o analisando a tomar posição no palco transferencial é outra forma de nomear aquilo que Lacan, na ocasião do *Seminário 7*, chama de "catarse". Na verdade, convém recordar que é por ocasião de seu seminário consagrado à ética que Lacan atravessa essa questão da catarse. É à luz desta aproximação, portanto, que proponho desenvolver minha interpretação. Como a catarse permitiria precisar o que está em jogo na condução da cura e na dissolução da cena de ilusão transferencial?

Antígona nos faz, com efeito, ver o ponto de vista que define o desejo.

---
[28] LACAN, Jacques. (1945) "O tempo lógico e a asserção de certeza antecipada". In: *Escritos*. Tradução de Vera Ribeiro. Rio de Janeiro: Jorge Zahar Editor, 1998, p. 197-213.

Essa visada se dirige a uma imagem que detém não sei que mistério até aqui não articulado, já que ele fazia os olhos pestanejar no momento em que se a olhava. Essa imagem está, no entanto, no centro da tragédia, visto que é a imagem fascinante da própria Antígona [...], é ela que nos fascina, em seu brilho insuportável [...]. É do lado dessa atração que devemos procurar o verdadeiro sentido, o verdadeiro mistério, o verdadeiro alcance da tragédia — do lado dessa comoção que ela comporta, do lado das paixões certamente, mas das paixões singulares que são o temor e a piedade, já que por seu intermédio [...] somos purgados, purificados de tudo o que é dessa ordem. Essa ordem, podemos desde então reconhecê-la — é a série do imaginário propriamente dita. E somos dela purgados pelo intermédio de uma imagem entre outras.[29]

A potente proposição de Lacan pode ser compreendida da seguinte forma: a catarse consistiria, portanto, numa purgação do imaginário (isto é, de tudo o que oferece uma completude ao homem: *moi*, identificação com signos por meio dos quais ele tenta se prender e se compreender, afetos de pavor e compaixão que o mantém a serviço de bens) a partir de uma imagem. Mas de uma imagem particular. Uma imagem ofuscante, indica-nos Lacan. Uma imagem que, "enchendo os olhos" [*mettant*

---

[29] LACAN, Jacques. (1959-1960) *O seminário, livro 7: A ética da psicanálise*. Tradução de Antonio Quinet. Rio de Janeiro: Jorge Zahar Editor, 2008, p. 294-295.

"*plein la vue*"], faz brotar o olhar como objeto *a*. Não uma imagem preenchida e reconfortante, mas uma imagem que acena a um para-além da representação. Uma imagem que não reforça a ilusão, mas que, pelo contrário, a denuncia para relançá-la sob outra forma. Uma imagem que pertenceria ao registro do irreal.

Podemos encontrar outra ilustração deste regime do imaginário terrível e fascinante na obra de Herman Melville, *Moby Dick*. O capítulo 42 do romance é consagrado à brancura da baleia. Melville afirma não é nem o tamanho nem a aparência monstruosa que a tornam tão assustadora, mas sua brancura. A imagem da baleia em sua brancura radiante acena a outra Coisa, a um para-além da representação.

> Para mim, a baleia branca é o muro, que foi empurrado para perto de mim. Às vezes penso que não existe nada além. Mas basta. Ela é meu dever; ela é meu fardo; eu a vejo em sua força descomunal, fortalecida por uma malícia inescrutável. Essa coisa inescrutável é o que mais odeio; seja a baleia branca o agente, seja a baleia branca o principal, descarregarei meu ódio sobre ela.[30]

Como compreender isso? A imagem vem barrar, mas também assinalar a essa outra Coisa que está além de todo sentido, de todo discurso, desfazendo tanto

---

[30] MELVILLE, Herman. (1851) *Moby Dick*. Tradução de Irene Hirsch e Alexandre Barbosa de Souza. São Paulo: Cosac Naify, 2008, p. 183. [Nota do tradutor: o capítulo 42 é, de fato, dedicado à brancura da baleia. A citação em questão, porém, encontra-se no capítulo 38.]

as apostas [*enjeux*] identificatórias egoicas [*moïques*], quanto as narrativas articuladas. A partir do momento que não há mais identificação possível do ser com o significante, a relação do sujeito consigo mesmo fica de fora de todo conhecimento discursivo, onde se experimenta o fato de que nenhum significante pode apreender o ser. Levar o desejo a seu extremo é alcançar o fato de que não existe identificação possível do ser com o significante. É aí que reencontramos a catarse, não mais no sentido que Freud e Breuer puderam dar dela, mas tal como Lacan delineia suas questões [*enjeux*]:

> Catarse tem o sentido de purificação do desejo. Essa purificação não pode se efetivar, como está claro ao se ler simplesmente a frase de Aristóteles, senão na medida em que se situou, no mínimo, *o ultrapassamento de seus limites, que se chamam temor e piedade*[31]. [...] é na medida em que tudo isso é experimentado no desenrolar temporal da história, que o sujeito fica conhecendo um pouco mais do que antes o mais profundo dele mesmo. [...]
> Sabe-se o que custa avançar numa certa direção, e meu Deus, se não se vai, sabe-se por quê. Pode-se até

---

[31] Grifo do autor. Vejo no "ultrapassamento de seus limites, que se chamam temor e piedade" uma definição radical da ética da psicanálise, que convém associar à fórmula repisada com bastante frequência: "A única coisa da qual se possa ser culpado, é de ter cedido de seu desejo". [Nota do tradutor: na referência aristotélica que estamos utilizando, temos "pavor" e "compaixão". Mantivemos aqui a tradução de Antonio Quinet para os termos em francês *crainte* e *pitié*: "temor" e "piedade". A famosa citação aludida por Vives encontra-se no mesmo seminário 7, p. 373 da edição brasileira.]

mesmo pressentir que se não se está totalmente esclarecido sobre suas contas com o desejo, é porque não se pôde fazer melhor, pois, não é uma via em que se possa avançar sem nada pagar. O espectador é desenganado nesse ponto, que mesmo para aquele que avança ao extremo de seu desejo, nem tudo são flores. Mas ele é igualmente desenganado — e é o essencial — quanto ao valor da prudência que se opõe a isso, quanto ao valor inteiramente relativo das razões benéficas, dos vínculos, dos interesses patológicos [...] que podem retê-lo nessa via arriscada.[32]

A catarse então concerne à cura, pois "ter levado uma análise a seu termo nada mais é do que ter encontrado esse limite onde toda a problemática do desejo se coloca"[33]. Lacan encontra aqui os dois afetos citados por Aristóteles, o pavor (Lacan diz "temor" [crainte]) e a compaixão [pitié], e faz deles os pivôs do ato analítico[34].

---

[32] LACAN, Jacques. (1959-1960) *O seminário, livro 7: A ética da psicanálise*. Tradução de Antonio Quinet. Rio de Janeiro: Jorge Zahar Editor, 2008, p. 377-378.

[33] *Idem*, p. 351.

[34] É surpreendente que, em seu trabalho sobre os afetos lacanianos, Colette Soler não dedica uma única linha a esses dois afetos que são essenciais à compreensão de Lacan sobre a condução da cura. SOLER, Colette. *Os afetos lacanianos*. Tradução de Cícero Oliveira. São Paulo: Aller, 2022. Este não é o caso de Marcus André Vieira, que resume a questão muito habilmente nestes termos: "Lacan [... vê] em Antígona a imagem daquilo que está para além das paixões, para além do pavor e da compaixão. Ambas representam o campo do mundo do sentido e do comércio de bens, o campo das trocas inter-humanas regradas pela utilidade e sua lógica [...], cujo limite e ultrapassamento são encenados na tragédia". VIEIRA, Marcus André. *L'éthique de la passion. L'affect*

A operação de catarse, fundamental na tragédia, continua, portanto, a interessar à condução da cura, com a condição de ser interpretada como um recurso de depuração do temor e da compaixão na cena transferencial, paixões que detém o sujeito em seu percurso em direção ao desejo, definido como metonímia de nosso ser. O ato analítico deveria, portanto — idealmente, pois, como nos recorda Freud em 1918, ao prestar conta dos avanços dos tratamentos psicanalíticos, nem sempre é fácil separar o "puro ouro" da psicanálise do "cobre" de outros elementos que embasam a ordem do aconselhamento e da sugestão[35] — visar um para-além do pavor e do temor, nos quais o analista ficaria tentado a se deter. Para-além que seria o ponto limite do saber, do sentido, da representação que existe em relação de vizinhança com o nada ao qual chega o herói na tragédia, uma vez que ele persiste, para além dos bens, no caminho que traça seu desejo. É preciso, então, pagar o preço da perda da ilusão de encontrar consistência por meio do objeto — este que testemunharia a demanda de amor que se manifesta

---

dans la théorie psychanalytique avec Freud et Lacan. Rennes: PUR, 1998, p. 197-198. [Nota do tradutor: a versão francesa dada pelo autor difere substancialmente da que circula entre nós. Por isso optamos por traduzi-la aqui. Cf. VIEIRA, Marcus André. *A ética da paixão — Uma teoria psicanalítica do afeto*. Rio de Janeiro: Jorge Zahar Editor, 2001, p. 202-205.]

[35] "É também muito provável que na aplicação em massa de nossa terapia sejamos obrigados a fundir o puro ouro da análise com o cobre da sugestão direta [...]". FREUD, Sigmund. (1918) "Caminhos da terapia psicanalítica". In: *Obras completas, volume 14: História de uma neurose infantil ("O homem dos lobos"), Além do princípio do prazer e outros textos (1917-1920)*. Tradução de Paulo César de Souza. São Paulo: Companhia das Letras, 2010, p. 292.

no palco transferencial —, ponto extremo do percurso do herói. Não obstante, não é por acaso que, acerca da distinção entre o herói e o homem comum, Lacan sublinhe que o homem dito normal, diferentemente do herói trágico, sempre irá preferir se submeter à gulodice do supereu do que incorrer na castração, "é mais cômodo sujeitar-se ao interdito do que incorrer na castração"[36]. Daí, a tragédia teria como função nos recordar de qual ultrapassamento de limite supõe a experiência de nosso desejo. "É sempre por meio de algum ultrapassamento do limite, benéfico, que o homem faz a experiência de seu desejo."[37]

O teatro — e a est*ética* a ele vinculada — nos permitiria pressentir, aproximar, jogar com esse limite. Em última análise, a catarse teatral para Lacan permitiria ao sujeito reencontrar seu desejo difratado nas formas postas em cena ou de, ao menos, correr o risco de expor-se a ele. No que diz respeito a esta exposição no contexto da cura psicanalítica, caberá ao analista calcular como e até que ponto é possível conduzir o analisante por esta via. Pois o preço a pagar é o da perda da ilusão de encontrar consistência no que for, e não é certo que todos estão prontos a pagá-lo, como nos fazia recordar Lacan. Ali onde o teatro colocava a questão numa moldura protegida pelo véu da ficção dramática, a psicanálise terá por função nos recordar qual delicado e perigoso ultrapassamento

---

[36] LACAN, Jacques. (1959-1960) *O seminário, livro 7: A ética da psicanálise*. Tradução de Antonio Quinet. Rio de Janeiro: Jorge Zahar Editor, 2008, p. 359.

[37] *Idem*, p. 362.

de limite supõe a experiência de nosso desejo. Este processo arriscado poderá *se encenar* [*se jouer*] com mais ou menos efeitos no palco do teatro, mas é no palco transferencial que ele deverá *se encarnar realmente*, de modo que aquele que "terá aceitado" correr o risco de subir ao palco da transferência possa saber um pouco mais sobre o que o anima.

Personagens ADOLESCENTES no palco: um *amor de transferência*

NESTE QUINTO e último capítulo relatarei os momentos essenciais de uma pesquisa-ação relativa a um grupo de uma dezena de adolescentes e jovens com idade entre 17 e 22 anos, conduzida no bairro de uma grande metrópole do sul da França então qualificado de "delicado". O material clínico utilizado aqui é produto de dois anos de trabalho em que observei e acompanhei a utilização de uma atividade artística, o teatro no caso, como mediador da tarefa de tentar uma "reinserção" destes jovens moços e moças em grande dificuldade social, que chegava ao ponto de delinquência (toxicomania, tráfico, prostituição, roubo...).

Trata-se aqui de observar e tentar compreender as modificações subjetivas ocorridas nos participantes ao longo desta experiência artística para a qual nada os havia preparado. O objetivo deste capítulo é mostrar como, por uma atividade teatral conduzida junto a amadores, o teatro do inconsciente se desdobra e como este desdobramento, efetuando-se no palco da transferência, permite modificações subjetivas naqueles que aceitam nele se arriscar. Que as coisas fiquem claras desde o início: não defendo a tese de que a prática do teatro seja, em si, terapêutica. Não existe dramaterapia, da mesma forma que não existe musicoterapia. A arte em si não cura e os exemplos de grandes artistas como Van Gogh, Schumann ou mesmo Modigliani poderiam servir de ilustração, caso fosse necessário. Para dizê-lo de forma ainda mais brutal: não existe arteterapia, mas sim a possibilidade de que um encontro possa se dar por ocasião de uma prática artística, o que não será sem consequências para a dinâmica transferencial deste encontro. É o que buscarei mostrar neste último capítulo.

Meu primeiro encontro com os participantes desta estranha experiência foi, no mínimo, surpreendente. Nenhum dos membros do grupo tinha assistido a uma representação teatral e eles tinham apenas uma ideia bastante imprecisa do que era o "estágio" que nós lhes propúnhamos. "Nós" (os tuteladores, para alguns; a justiça, para outros) os havíamos obrigado a comparecer sob ameaça: a participação ativa no projeto era a condição para permanecerem no sistema de garantias sociais (ou, para alguns, em liberdade)... O teatro ou a liberdade... Estamos aqui diante de um "ou" de alienação e bem distantes do desejo de encenar, de jogar [*jouer*]. Não obstante, como podemos facilmente compreender, o conjunto dos adolescentes e jovens aceitou, mais ou menos de boa vontade, engajar-se em um projeto teatral por um pouco mais de dois anos. "Sempre vai ser menos ruim do que a prisão", pensaram eles, como muitos nos disseram alguns meses depois. Alguns meses depois, isto é, quando as problemáticas [*enjeux*] transferenciais estavam suficientemente instaladas para que pudessem dar-se conta de que a proposta que lhes fora feita tinha muito pouco a ver com o que eles tinham entendido...

O projeto se desdobrou em dois tempos. O primeiro foi dedicado à escritura, por um dramaturgo, de um texto elaborado a partir de esboços realizados pelos participantes durante ateliês de escrita. O tema proposto era o sonho e a forma final do texto devia ser a de um relato onírico: deslocamento, condensação, elaboração secundária e consideração pela representabilidade estariam em jogo [*jeu*] na escrita da obra. O segundo tempo, por sua vez, foi consagrado ao trabalho de encenação propriamente dito, que deveria desembocar em uma série de representações em um importante Centro Dramático Nacional[1] da metrópole onde a experiência aconteceu.

Consideramos que o elemento mais marcante ao longo do par de meses passados em contato com estes aprendizes de ator foi o surgimento de uma mobilidade psíquica totalmente ausente no início dos ensaios. Depois de um período de "amolecimento" em que a diretora, que era a responsável artística pelo projeto, mobilizou, para fazer nascer o desejo de encenar e jogar [*jouer*], rios de paciência e sagacidade, o grupo se pôs, não sem grandes resistências, pouco a pouco, em trabalho. Os aprendizes de ator descobriram que poderiam sentir prazer em ser um outro muito diferente daquele ou daquela que reivindicavam ser e que abandonar momentaneamente o papel social às margens da legalidade,

---

[1] Nota do tradutor: a França instituiu, em 1972, uma política de descentralização territorial do teatro criando, assim, os CDNs — sigla para *Centre Dramatique National* —, que somam 38 em todo país.

ao qual demandavam que fosse o fiador de sua identidade, não implicava numa perda de si. "Eu sou ladrão de carros, drogado, puta ou traficante!", afirmavam eles, alguns com soberba e uma certa altivez, ao que o teatro respondia: "Mas, ainda?", relançando incessantemente o processo identitário. Tudo parece ter se passado como se a experiência teatral tivesse permitido aos adolescentes experimentar um trabalho de vacilação identitária controlada ao cabo do qual puderam vivenciar que, para além dos signos identitários que podem fazer sintoma, *eu não sou eu, o je* não é o *moi* [*je ne suis pas moi*].

Acredito que é possível indicar o ponto de não retorno deste relançamento do processo de construção/desconstrução identitária no momento dos "passadões"[2], nas últimas semanas de ensaio. Nessas ocasiões, a diretora apresentava o resultado da semana de trabalho: ela retomava de ponta a ponta as cenas ensaiadas e perguntava aos "convidados" o que eles viam. Por vezes, a cena lhes parecia límpida, por vezes, eles não entendiam nada... e o diziam! Estas reações imediatas provocaram, no início, movimentos de mau-humor com frequência bastante vivos da parte dos jovens e adolescentes. Quando eles viam a diretora discutir e pesquisar, e, muitas vezes, incapaz de propor de imediato uma nova solução, eles a interpelavam, em alguns casos de forma severa.

---

[2] No teatro, um "passadão" é realizado, geralmente, nos últimos ensaios. Ele serve para calcular o tempo necessário ao espetáculo e acertar diferentes detalhes, especialmente a coordenação entre os vários participantes do espetáculo (trocas de cena, de cenografia, de figurino etc.)

O sentido do endereçamento ríspido deles era: "Como é que é? Você, que é a especialista em teatro, não sabe das coisas, tem dúvidas, tem que pesquisar? Mas pra onde, então, a gente tá indo?" Ao que ela invariavelmente respondia: "Eu tenho uma ideia de onde estamos indo, mas não sei de antemão que caminho tomar; por outro lado, sei perfeitamente aonde não podemos ir e onde tomamos o caminho errado. Vamos ter que explorar uma nova rota...". Essa resposta não os tranquilizava de verdade, como seria possível adivinhar, mas o objetivo tácito da diretora não era necessariamente tranquilizá-los, mas sim trabalhar, com eles, uma desestabilização controlada. Intuitivamente, ela pressentia que não devia lhes apresentar ideias prontas, mas uma errância poética; não uma caracterização manjada — pois a única coisa que pediam a eles era que fizessem "cara de bom moço" no palco —, mas uma forma em formação: uma obra aberta, um *work in progress*.

Encontrando-os regularmente, compreendi rapidamente que, na maior parte do tempo, a vida deles era organizada para evitar qualquer surgimento de surpresa e de errância, que era inexistente. Seus dias fora do ateliê de prática artística eram organizados de maneira monótona e repetitiva. A errância controlada com a qual a pesquisa dos ensaios os confrontava não mobilizava neles respostas conhecidas — o que tentaram no início, mesmo a diretora os tendo desencorajado disso sistematicamente —, mas sim respostas inéditas, o que é próprio de todo processo de criação. Esta angústia relacionada à errância da pesquisa teatral não era uma descoberta para mim. Tive a oportunidade de observar, no contexto de produções com atores profissionais, a frequência com que estes podiam desenvolver uma inquietude — e, por conseguinte, agressividade — frente a um diretor questionador e que propusesse pouco diante do vazio do cenário. Aqui, porém, parecia-me que se tratava de algo mais profundo, mais existencial. A questão subjacente era: "Se as pessoas que estão coordenando a atividade, os 'supostos saber', estão na ignorância, em quem podemos nos fiar? Existe algum lugar onde o saber seja garantido?". Os aprendizes de ator descobriram, talvez um pouco brutalmente, aquilo com que os analisandos são confrontados pouco a pouco ao longo de sua cura: o Outro é faltante (senão inexistente), não existe nem completude, nem certeza possível; a ilusão transferencial e seu sujeito suposto saber não passam de um véu modesto lançado sobre essa ausência radical.

As intervenções de contenção, as novas propostas que a diretora pôde fazer e a preocupação dela em não os deixar se confrontarem por tempo demais com a ausência de resposta permitiu aos jovens, pouco a pouco, suportar o que num primeiro momento lhes parecia impensável. O exemplo mais surpreendente da possibilidade de mentalizar essa confrontação com as próprias limitações e com a falta fundamental que elas designam foi que eles começaram, gradativamente, a criticar o que a diretora era capaz de trazer e a propor soluções para as dificuldades que ela pudesse encontrar. O sujeito suposto saber era atacado, mas podia resistir aos ataques. O Outro é barrado, mas é possível dar um jeito.

Tais elementos — a possibilidade de realizar novos investimentos, o surgimento da mobilidade psíquica, a capacidade de suportar uma certa forma de ausência... — foram importantes no que diz respeito ao relançamento da dinâmica psíquica, mas não me parecem específicos da arte teatral. Com efeito, toda pessoa em situação de criação encontra-se confrontada com a falta do objeto, falta à qual é preciso dar uma forma; este trabalho, como pude mostrar em outra ocasião, tem efeitos subjetivantes[3]. O que seria, então, específico ao teatro? O que seria próprio, nos efeitos observáveis, ao engajamento do sujeito no ato teatral?

Para dar conta destas questões, partirei, num primeiro tempo, de uma observação de Alain Didier-Weill, psicanalista e autor dramático, em *Os três tempos da lei*, observação que me parece muito esclarecedora no contexto que nos interessa:

> O [ator] é por excelência aquele que sabe medir o abismo que separa a regra do jogo da lei. O paradoxo ao qual o conduz a regra do jogo que lhe é imposta é o de descobrir que é possível fazer surgir em cena a dimensão do verdadeiro ao representar ser um outro. Por que pode ele ser tão natural, tão pouco falso, quando fala com as palavras do Outro, enquanto que quando tem que falar fora de cena, na cena de sua vida, com suas próprias palavras, descobre o sentimento doloroso de fazer semblante, de não ser mais verdadeiro. Enquanto que se sente verdadeiro quando precisa, em cena, fingir, ele se descobre habitado pelo sentimento de fazer

---

[3] ORRADO, Isabelle; VIVES, Jean-Michel. *Autismo e mediação, bricolar uma solução para cada um*. Aller: São Paulo, 2021.

semblante quando, fora de cena, não lhe é mais explicitamente pedido, por uma regra do jogo, que assuma o semblante, mas implicitamente pedido, pela lei, que assuma sua verdade. Por que ele, que é provido de todos seus dons quando a regra do jogo lhe pede, é tão desprovido quando é a lei que lhe pede?[4]

Alain Didier-Weill demonstra aqui como o ator "fora de jogo" [hors-jeu] pode, por vezes, enfrentar dificuldades que, paradoxalmente, a regra do jogo [règle du jeu] à qual se submete em cena o impede de experienciar. No caso dos atores aprendizes, parece-me que podemos observar o inverso disso. Tudo passa como se a confrontação dos atores amadores com a regra do jogo teatral tivesse lhes permitido reelaborar um tipo diferente de relação com a lei simbólica e, por conseguinte, consigo e com os outros. Como se a inclusão necessária da regra do jogo que permite o jogo no espaço e no tempo do trabalho teatral permitisse um "enxerto" desta lei que nos concerne e ultrapassa a todos: a lei simbólica implica a experiência e o reconhecimento da incompletude no próprio cerne da subjetividade. Como compreender que a experiência de uma regra de aspectos infantis, "de mentira", para retomar a expressão utilizada pelas crianças ao proporem um jogo dramático, permita aos "desarrimados da lei"[5]

---

[4] DIDIER-WEILL, Alain. *Os três tempos da lei*. Tradução de Ana Maria de Alencar. Rio de Janeiro: Jorge Zahar Editor, 1997, p. 206-207. [Tradução modificada.]
[5] Tomo emprestada a expressão de Serge Lesourd. LESOURD, Serge. "*Les désarrimés de la loi*". In: RASSIAL, Jean-Jacques. (org.)

inscreverem-se nela novamente, mesmo que de forma momentânea? Esta questão apresenta um problema teórico apaixonante para o clínico. Minha hipótese é que a separação entre a regra e a lei seria menos estanque do que nos acostumamos a pensar, e que a intervenção sobre uma (a regra) poderia ter efeitos sobre a outra (a lei). Para tentar compreender isso, retomarei rapidamente os avanços efetuados por Jacques Lacan ao longo do *Seminário 7, A ética da psicanálise*[6], no qual ele situa a regra do lado da moral e a lei, do lado da ética. A regra é o que vem sustentar a moral, compreendida então como o conjunto de condutas possíveis ou não possíveis que se oferece aos membros de um grupo num dado momento e lugar. Assim, essas regras podem ser cambiantes no tempo e no espaço, elas estão ali apenas para possibilitar o jogo social [*jeu social*]. Lacan coloca a regra do lado do imaginário: é ela que torna possível o laço social, o "viver junto aos homens". Percebida, desta forma, como essencialmente superegoica, a regra interdita e convida o sujeito a não insistir. Já a lei situa-se do lado do simbólico e, neste sentido, ordena: ela diferencia, situa e exorta. Esta lei concerne ao sujeito, não ao grupo. Ela se endereça a todos, mas concerne a cada um entre nós que deverá "dar um

---

Y a-t-il une psychopathologie des banlieues? Toulouse: Eres, 1998, p. 33-41.
   [6] LACAN, Jacques. (1959-1960) *O seminário, livro 7: A ética da psicanálise*. Tradução de Antonio Quinet. Rio de Janeiro: Jorge Zahar Editor, 2008.

jeito" [*faire avec*], lidar com ela. Esta relação com a lei determinará o que Lacan chama de "ética do sujeito", ética que não pode concernir ao grupo, que ela colocaria em perigo. O resultado da confrontação com a lei simbólica e, por conseguinte, com a falta-a-ser do sujeito — que Lacan propõe anotar com o $\mathcal{S}$ (o sujeito é barrado, ele não é transparente a si mesmo) —, é o que permite a assunção do sujeito e do desejo. Assim, a regra permitiria o jogo social, ao passo que a lei permitiria a assunção do Eu [*Je*] e do desejo a ele articulado. Como esta diferenciação nos permite compreender o que passou para as pessoas que se envolveram nesta aventura teatral?

Creio que o interesse da regra que rege o jogo teatral consiste em ela situar-se precisamente no ponto de intersecção entre a regra superegoica e a lei simbólica. Com efeito, da mesma forma que a regra que regula a relação entre os indivíduos, ela permite o laço, mas ultrapassa o mandamento superegoico, propondo ao sujeito, no sentido oposto, que insista — "Sê outro!" —, indicando um para-além de si.

O que seria o ensaio [*répétition*] no teatro senão a possibilidade de insistir para que da repetição [*répétition*] nasça, em meio à surpresa, para além da tentação de reproduzir o mesmo, a diferença? O "como se" do teatro levaria cada um tanto a movimentos de idealização, quanto de afirmação de sua singularidade. Ele permitiria a instalação de uma pulsação entre dois movimentos contraditórios, um de associação-identificação (eu sou este papel), outro de individuação-oposição (eu não sou este papel)[7]. Reencontramos nesta pulsação a dinâmica *moi/je*, sendo a regra do jogo teatral o que permite a articulação dos dois. O *moi*, encontrando-se do lado do imaginário, da moral, da regra, do narcisismo e de sua necessária alienação, permite construir o personagem a partir de signos exteriores e de regras estabelecidas. O *je*, estando do lado do simbólico, da ética, da lei, é eminentemente singular e desembocaria, no extremo[8], no questionamento daquilo que faz laço. O *moi* permite que exista laço entre ator e personagem; o *je*, em seu funcionamento, permite que ele não se aliene aí. Com efeito, o sujeito ético (*je*) só pode advir num para-além da captação [*prise*] pelo imaginário (*moi*), por um abandono [*déprise*] que o jogo [*jeu*] faz advir por surpresa [*surprise*]. Isto implica uma desconstrução de modelos e imagens sem, contudo, aboli-los, uma vez que a dimensão imaginária permanece indelevelmente incontornável.

A hipótese que eu arriscaria aqui é a seguinte: pela regra fundamental que ele institui — fazer seriamente "como se" —, o teatro "despsicologiza". "Lá onde tu estás siderado, torna-te de-siderado"[9], o teatro parece propor ao sujeito, para retomar uma fórmula de Alain

---

[7] Reencontramos aqui a dinâmica anteriormente descrita a partir do palhaço-analista: ser e não ser o personagem convocado ao palco da transferência.

[8] É a posição do herói descrita por Lacan a partir da análise da tragédia *Antígona*, no Seminário 7.

[9] DIDIER-WEILL, Alain. *Os três tempos da lei*. Tradução de Ana Maria de Alencar. Rio de Janeiro: Jorge Zahar Editor, 1997. [Nota do tradutor: a formulação aqui é: "Là où tu es sidéré, deviens dé-sidéré".]

Didier-Weill. A colocação em jogo [*mise en jeu*] que o teatro opera provoca uma movimentação identitária do actante por meio do ofuscamento das referências habituais, de uma flutuação dos signos pelos quais o indivíduo acreditava poder se apreender e compreender. Tal ruptura das balizas identificatórias implica que se possa mover em um tempo e um espaço subjetivo em que a psicologia do sujeito — no sentido de uma montagem psíquica que visa defender o sujeito da irrupção do real — não é mais a única em jogo. Tocamos aqui o inconsciente que opera precisamente neste registro, registro intermediário que, sem desatarraxar, faz vacilar as posições e as identificações. As identificações mobilizáveis pelo jogo do teatro não são unicamente identificações com o personagem, mas dizem respeito também, por vezes, a identificações portadoras de posições subjetivas. Com Lacan, distinguimos as identificações constitutivas do eu [*moi*] (elementos identitários de essência imaginária a partir dos quais o indivíduo tenta se compreender) e a identificação simbólica constitutiva do sujeito (o nascimento do sujeito do inconsciente entendido como a produção de um traço singular que se distingue quando retomamos um a um cada significante — ou elemento, para simplificar — de uma história). A efetuação do ato teatral permitiria, portanto, acionar [*faire jouer*] as identificações imaginárias ("eu não sou apenas isso, dado que eu também posso ser..."), mas tornaria igualmente possível a experimentação, por meio de cada um, dos papeis endossados, de uma singularidade íntima e, apesar disso, perpetuamente desconhecida do ator.

Desta forma, se o teatro teria o poder de modificar algo no ator[10] — seja de forma provisória, pelo tempo

[10] Esta questão sobre os efeitos do teatro sobre quem nele se arrisca não é de ontem, e os efeitos do jogo teatral foram, segundo cada ideologia dominante, compreendidos como benéficos ou maléficos... Os argumentos mais interessantes encontram-se, como seria duvidoso de acreditar, entre os adversários do teatro. Foram eles que nos permitiram circunscrever de forma mais precisa o processo posto em jogo pela atividade teatral. Assim, desde a *República*, Platão escreve: "será preciso que [os cidadãos em idade guerreira] não façam nada mais nem imitem coisa alguma. No caso, porém, de imitarem, deverão fazê-lo desde a meninice o que lhes convier para se tornarem corajosos, temperantes, santos, livres e tudo o mais do mesmo gênero, não devendo praticar nem procurar imitar o que não for nobre nem qualquer modalidade de torpeza, para que por meio da imitação não venham a encontrar prazer na realidade. Já não observaste que a imitação, quando começada em tenra idade e prolongada por muito tempo, se transforma em hábito e se torna uma segunda natureza, passando para o corpo, para a voz e até para a própria inteligência?". PLATÃO. *A república*. Tradução de Carlos Alberto Nunes. Belém: EDUFPA, 2000, p. 150 (395b-d). Para Platão, o teatro é irresponsável, suspeito, culpável. O ator é conduzido pelo jogo da mimese e corre o risco de se perder neste outro cujas roupagens ele aceita vestir ainda que momentaneamente. Platão identifica nesta vacilação identitária um perigo para o Estado: uma troca controlada das identidades através da qual se instalam o jogo, a máscara e a ilusão. O risco indicado por Platão é a possibilidade de que este evento provisório deixe traços indeléveis no que ele ainda não chama de personalidade do jovem homem em devir. Mais tarde, os Padres da Igreja (Tertuliano, Crisóstomo, Agostinho...) retomarão argumentos próximos a este, acrescentando-lhe a dimensão do obsceno. Um recrudescimento violento destas questões aparecerá na França ao longo dos séculos XVII e XVIII e terá seu clímax na "querela" opondo o Padre Caffaro e Bossuet, a partir de 9 de maio de 1694. Outra vez mais, os argumentos desdobrados por Bossuet em suas *Máximas e reflexões sobre o teatro* apontam para o perigo ligado ao que poderíamos chamar de desestabilização identitária. Hoje em dia, um "ódio ao teatro" — para retomar o título do número 4 da revista *L'art du théâtre* — faz-se sentir a

de uma representação, seja de forma mais duradoura, desinstalando o eu [*moi*] de sua posição onipotente, permitindo ao ator experimentar que *eu não sou eu, o je não é o moi [je ne suis pas moi]* —, ao fazer ruptura no imaginário, o teatro realizado sob transferência se definiria, por sua vez, como este ponto de separação que permite experimentar-se existente (*ek-sistente*, fora da interrupção, da estase proposta pelo funcionamento imaginário do eu [*moi*]), a despeito de todos os determinismos impostos pelo canevás inconsciente.

Encenar [*jouer*] permitiria, então, abrir para si uma passagem não na compreensão, mas no entendimento de questões muito difíceis de formular, tais como sobre o que somos e o que desejamos. Isto sempre foi de conhecimento geral, mas ficou melhor conhecido depois de Diderot[11]: o teatro é paradoxal. Seu paradoxo consiste na vontade urgente de ser si mesmo, de ser verdadeiro, o que é possível apenas colocando-se fora de si, fazendo-se outro, o que implica, simultaneamente, fazer semblante, fingir e acreditar. Não se trata

---

partir, outra vez, como sempre, da mesma questão. "Odeia-se não ser si mesmo, não ser jamais si mesmo, mas ser na representação, que se sabe muito bem ser falsa e escabrosa, a imortalidade de si mesmo. No teatro, é nossa incapacidade fundamental de ser nós mesmos, é nossa impropriedade ou nossa desapropriação que são encenadas: nós odiamos que nos seja devolvida nossa imagem, nossa 'mimeme'". LACOUE-LABARTHE, Philippe. "Haine du théâtre". In: *L'art du théâtre*. Arles: Actes Sud, 1986, p. 12-14.

[11] DIDEROT, Denis. (1773-1777) "Paradoxo sobre o comediante". In: *Diderot — Textos escolhidos (Coleção Os pensadores)*. Tradução de Jacob Guinsburg. São Paulo: Abril Cultural, 1979.

aqui de acreditar nele, o teatro, mas sim de ali, no jogo, acreditar[12]. O teatro exige um domínio extraordinário e nunca completo do jogo em todas as suas dimensões e, ao mesmo tempo, um abandono fundamental, uma disponibilidade radical para o Outro: possessão e desapossamento de si. Trata-se de estar ao mesmo tempo no jogo e "fora do jogo" [hors-jeu[13]]. Esta necessária saída de si que o ato teatral implica exige um abandono [méprise] imaginário no qual situarei prontamente os desafios subjetivantes [enjeux subjectivants] do teatro. Em última análise, o ato teatral é uma recarga de alteridade. Esta recarga permite arrancar os signos e imagens aos quais o sujeito se acreditava reduzido. "O que você é pode se sentir e se pensar de outra forma", eis a afirmação que o sujeito em jogo recebe desde um lugar Outro. Com efeito, fazer teatro no contexto de uma relação terapêutica é buscar, sob o olhar do Outro, a si mesmo tornado ficção.

O tempo da eu-cenação [je(u)] do desejo substitui um "o que me falta, um outro possui" por um "o que me falta, o que eu jamais terei, é aí que me atenho pois nisso fundo meu desejo". Se transferirmos isto para o

---

[12] Nota do tradutor: o autor faz um jogo com le croire e d'y croire. O pronome "y", em francês, pode substituir tanto o substantivo que designa uma coisa (o semblante, por exemplo), quanto um lugar (o teatro, a cena). Na tradução, enfatizamos a leitura de que não se trata de acreditar no semblante do teatro, mas de acreditar no jogo que nele se sustenta.

[13] Nota do tradutor: a expressão hors-jeu é, literalmente, "fora do jogo", mas também pode ser traduzida por "impedido". Este é o nome francês, no futebol, para a regra do "impedimento".

contexto de nossa experiência, poderíamos dizer que a confrontação com o jogo teatral permite aos participantes passar de um tempo repetitivo da demanda — "Diga-nos o que devemos fazer", "Dá-me a resposta ou objeto que enfim faria desaparecer este sentimento de falta", "Não insistamos..." — a um tempo desejante que conhece a inversão do valor da falta em potência da pura perda. É então que se experimenta um "Sou faltante como você e, como você, meu desejo visa reduzir a nada o que falta". A partir disso, podemos talvez propor algumas "pistas" no que diz respeito aos efeitos teatrais sobre quem o pratica.

A regra paradoxal "Sê outro!", proposta durante o jogo teatral, implica uma destituição das apostas egoicas [*enjeux moïques*] do sujeito e autorizaria, assim, a assunção de uma dimensão até então oculta. A máscara do jogo possibilitaria a destituição da máscara egoica e permitiria o pressentimento de uma dimensão radicalmente Outra, que não se exprimiria somente por uma temporalidade repetitiva, mas por uma errância orientada que caracteriza o tempo do percurso desejante do sujeito. Assim o ato teatral, no melhor dos casos, desperta quem o realiza liberando o lugar do sujeito em relação a um desejo cujo objeto está para sempre perdido. Esta experiência não transcorre sem deixar traços no sujeito que a pratica e que deve pagar ser preço.

Este preço também deve ser pago pelo psicanalista sob a forma do que Lacan chamou de desejo do analista e que propomos abordar a partir da noção de suposição. Uma última situação retirada da experiência aqui relatada permitirá ilustrá-lo.

Na véspera da estreia, a trupe teve que realizar um ensaio geral[14] diante de alguns membros da equipe do Centro Dramático Nacional e, dentre eles, o dirigente da instituição. A cortina se abre e deixa entrever, rapidamente, um grupo de adolescentes desembestados correndo para todos os lados do cenário, claramente sob efeito de álcool e de outras substâncias ilícitas. A cortina se fecha na hora. O dirigente da CDN se vira para mim e diz: "Tá, fazemos amanhã um comunicado à imprensa anunciando o cancelamento das apresentações, o que você acha? Não vejo outra solução...". Respondo a ele que não me parecia uma opção viável, pois anularia dois anos de trabalho, e que nos víamos obrigados aceitar a hipótese de que o ocorrido naquela noite não necessariamente aconteceria no dia seguinte... O dirigente do CDN aceita correr o risco e mantém a estreia para a noite seguinte. Subo então ao palco para me juntar à trupe desembestada e digo aos atores em poucas palavras que vi, junto com os demais espectadores presentes, que eles eram capazes de daquele descontrole todo, mas que achava que, no dia seguinte, eles poderiam representar o espetáculo no qual haviam trabalhado por mais de dois anos. Deixei-os com essas palavras esperando que minha hipótese fosse validada. Ela foi de fato validada e a estreia transcorreu em condições excepcionais de concentração, o que permitiu à peça obter um franco sucesso junto ao público.

---

[14] O ensaio geral é o último ensaio antes da primeira apresentação. Ele recobre a totalidade da peça nas condições de encenação da representação pública (duração, figurino, cenografia, som, iluminação...) e pode receber espectadores escolhidos.

O que podemos compreender desta sequência? Aqui, a noção de suposição me parece essencial. Lacan introduziu a ideia de sujeito suposto saber articulando-a à questão da transferência. Alain Didier-Weill complementará esta ideia ao propor articular a posição do analista à de um *sujeito suposto saber que há sujeito* que, ao supô-lo, autorizaria sua assunção. Assim pensada, centrada em algo que não existe ainda, a suposição sublinha a potencialidade e torna sua existência possível. A emergência e a colocação em movimento do sujeito estariam ligadas a esta suposição que permitiria sua orientação a partir de um ponto fora do sentido.

Podemos compreender esta experiência se lembrarmos que o sujeito nasce desse apelo, desse chamamento [*appel*] do Outro que o convida a advir[15]. É esta convocação do sujeito à cena do mundo que está na origem de seu nascimento psíquico, que supomos orientar todos que se arriscam improvisar no palco transferencial. Tanto o "diga o que lhe vem à mente" que inaugura o encontro analítico, quanto o convite de "Joga!" [*Jouez!*][16], que escande a sessão de improvisação teatral, participam da mesma dinâmica: eles supõem a aparição possível de um material inaudito para aquele que o fornece e o

---

[15] VIVES, Jean-Michel. "Para introduzir a questão do ponto surdo". In: *Variações psicanalíticas sobre a voz e a pulsão invocante*. Rio de Janeiro: Contra Capa, 2018, p. 15-29.

[16] Nota do tradutor: pela proximidade entre *jouez*, "joga", e *jouis*, "goza", o autor aqui parece brincar com a conhecida formulação de Lacan na aula de 12 de dezembro de 1972 de seu Seminário XX: "Nada força ninguém a gozar, senão o supereu. O supereu é o imperativo de gozo — Goza!".

recebe, e que a cena delineada pelo psicanalista ou pelo diretor, no mesmo movimento, solicita e acolhe. Ambos os convites supõem este material e, a partir disso, autorizam-no a advir.

Esta suposição não se desenvolve necessariamente a partir de uma fala [*parole*]. Poderíamos mesmo dizer que a palavra pode ser fatal para ela: a fórmula "Seja espontâneo!", foi muito bem destacada, pelos membros da Escola de Palo Alto, como sendo a própria injunção paradoxal. A suposição é um ato de fé — não no sentido religioso, mas de um desejo certeiro — e, sendo assim, não precisa necessariamente de palavras [*mots*] para se exprimir. O silêncio é consubstancial a ela. Não um silêncio ligado à atividade linguageira, mas um silêncio que a torna possível[17].

Se a suposição permite este enigmático apelo desejante, é porque ela se situa do lado do inesperado.

---

[17] Se quiséssemos continuar com a metáfora musical, poderíamos dizer que este silêncio é o mesmo que encontramos quando o maestro ergue sua batuta no início do concerto, logo antes da orquestra começar a tocar ou senão no momento que os músicos de um pequeno conjunto se olham e respiram ao mesmo tempo antes de tocar a primeira nota da obra. Mesmo sem ainda ressoar, a música já é esperada, suposta e *compreendida* [*comprise*] — no sentido de prender-com, a obra é apreendida [*prise*] como já toda compreendida [*comprise*], é tomada em sua totalidade, com e no momento de suspensão que nos faz viver este "admirável tremor do tempo", caro a Gaétan Picon. Em 2010, Alain Didier-Weill propôs uma abordagem surpreendente deste silêncio primordial em *Un mystère plus lointain que l'inconscient*. Para ilustrar esta anterioridade à palavra, os compositores encontraram a expressão do contínuo musical: os acordes de longa duração (Cf. o início de *A Criação*, de Joseph Haydn, ou os primeiros compassos de *O ouro do Reno*, de Richard Wagner). DIDIER-WEILL, Alain. *Un mystère plus lointain que l'inconscient*. Paris: Aubier, 2010, p. 84-85.

Inesperado que podemos explicitar como sendo a existência de algo significante que se revela como o que se mostra podendo restar, irresistivelmente, quando nada mais resta do que pôde ser esperado[18]. Se a esperança, como dizia Aristóteles, é o sonho do homem desperto, poderíamos dizer que o inesperado é o sonho do homem suscetível de colocar-se em ressonância com o real, em uma relação de abertura, não de sutura, que lhe permitiria aceder a um tempo "fora do tempo, no qual o instante vira um marco"[19].

Esta suposição seria o tempo zero do circuito da pulsão invocante e seu para-além. Não é ainda um apelo, mas um endereçamento. O sujeito tem a experiência de ser endereçado e, partindo daí, passa a conhecer uma primeira orientação. Este endereçamento pode ser validado pelo sujeito que o recebe. Não existe apelo sem endereçamento prévio. É apenas em um segundo tempo que o sujeito endereçado pela oferta do jogo será levado a se apresentar em cena para experimentar as diferentes posições possíveis com relação à suposição primordial: fazer o apelo ("Que devo eu fazer?"), receber um apelo ("Vá lá!") e fazer-se apelar ("E isso assim, isso aí funciona?").

Quando de minha intervenção junto à trupe desembestada no dia do ensaio geral, esta suposição exerceu [*joua*] um papel essencial. Da perspectiva da jovem trupe, nossa intervenção não foi moralizante (do tipo:

---

[18] *Idem*, p. 288-295.
[19] MILNER, Jean-Claude. *Os nomes indistintos*. Rio de Janeiro: Companhia de Freud, 2006.

"Vocês têm noção do que fizeram? Sabem o papelão que me fizeram passar diante do dirigente do CDN?"). Nós os recordamos simplesmente que não ignorávamos que eles eram capazes daquilo que tínhamos acabado de assistir, mas que sabíamos também que eram capazes de outras coisas, coisas mais surpreendentes e bem menos manjadas. Separamo-nos todos com isso no ar e, no dia seguinte, inicia-se — para nosso enorme alívio, é preciso confessar — uma série de apresentações de excelente valor artístico, que suscitou interesse real junto ao público. É a suposição de que as coisas poderiam se desenrolar [*se jouer*] de outra maneira no palco transferencial — diferentemente do que o canevás compartilhado fantasmaticamente pelos membros do grupo permitia antever — que permite isso.

> Eu diria que um sujeito suposto é um sujeito que é, eventualmente, suposto poder lhes surpreender; um sujeito suspeito, ao contrário, é um sujeito de quem nada que dele viesse poderia surpreender, pois há, com relação ao sujeito suspeito, uma prevenção, uma presunção, para ser mais exato, de que nada dele poderia surpreender: o que quer que ele diga, isso será integrado em algum lugar e isso não terá nada de surpreendente [...]

propunha Alain Didier-Weill quando de sua intervenção no seminário de Lacan, *A topologia e o tempo*, no dia 8 de maio de 1979[20].

---

[20] Este seminário de Lacan ainda é inédito, mas é possível acessar a intervenção de Alain Didier-Weill no seguinte endereço: http://gaogoa.

Poderíamos ler aqui uma síntese surpreendente dos aprendizes de atores que, de delinquentes suspeitos descobriram-se, no palco da transferência, supostos sujeitos e, portanto, radicalmente inalienáveis.

Eis uma das lições que nos permite transmitir, talvez, o teatro do inconsciente que impõe, no palco da transferência, a confrontação com a injunção ética que Freud propôs em 1933, nas *Nova conferências introdutórias à psicanálise*: *Wo Es war, soll Ich werden*. Em 1955, Lacan irá propor uma tradução que, mesmo contorcendo um pouco a afirmação freudiana, enfatiza de maneira muito interessante a noção de dever contida no *soll* da proposição original, reintroduzindo a questão ética.

"Ali onde isso era", como se pode dizer, ou, "ali onde se era", gostaríamos de fazer com que se ouvisse, "é meu dever que eu venha a ser."[21]

Com efeito, a injunção aqui vem menos do outro (institucional, "Tu deves submeter-se à lei"), do que se impõe ao sujeito como o próprio movimento do processo de subjetivação. Compreende-se, partindo daí, que a experiência teatral com os jovens revelou menos

---

free.fr/Seminaires_HTML/26-TT/L08051979.htm. Acessado em 30 de maio de 2022.

[21] Lacan propõe uma interpretação do célebre aforismo freudiano: LACAN, Jacques. (1955) "A coisa freudiana". In: *Escritos*. Tradução de Vera Ribeiro. Rio de Janeiro: Jorge Zahar Editor, 1998, p. 419. [Nota do tradutor: a formulação original é "Là où c'était, peut-on dire, là où s'était, voudrions-nous faire qu'on entendît, c'est mon devoir que je vienne à être."]

um "Tu deves!" superegoico do que um "É meu dever" ético. É este encontro surpreendente no palco da transferência que permite aos jovens e adolescentes voltar à escolha que fizeram inicialmente, e de pô-la outra vez em juízo para poderem efetuá-la de novo. Com efeito, o mandamento ético freudiano oferece ao sujeito poder experimentar, no palco da transferência, a possibilidade de tornar-se, possibilidade à qual é suposta uma relação não impossível com a liberdade. A ética da psicanálise é, portanto, uma ética do singular, pois é somente um por um que podemos responder a ela.

Contrariamente ao que se pode observar de maneira geral no campo filosófico — onde as emergências do singular são momentos de suspensão do universal no sentido mais comum do termo —, o singular psicanalítico seria a surreição [*surrection*] de um universal no seio do singular que corresponde à maneira como todo humano tem de responder, singularmente, ao mandamento ético que se mostra em sua origem: "Sê!", "Torna-te!". Mandamento que está na origem do devir de todo sujeito e que, como tal, diz respeito a cada um de nós. É daí, portanto, que ele pode ser considerado um universal. O singular seria, em última análise, a resposta que cada um poderá oferecer a este convite universal que o conduziu a advir enquanto sujeito. Definido desta forma, o singular é ao mesmo tempo uma necessidade e a produção do dispositivo analítico, inscrevendo-se contra o fundo do universal. Tal como na matemática um ponto singular determina a inclinação de uma curva embora pertença a essa curva, opondo-se assim ao ponto ordinário e ao regular, a surreição do singular em psicanálise corresponderia a estes momentos particulares em que o sujeito é reconhecido como respondendo desde um lugar específico e segundo modalidades que lhe são próprias ao convite — "Torna-te!" — que lhe é feito. É isto que testemunha a experiência que relatamos aqui.

A cena de ilusão da transferência revela-se, dessa forma, ser o lugar onde é possível experimentar a questão do devir outro e Outro: assim, o teatro do inconsciente que se (re)encena [(re)joue] é o lugar onde eu posso me descobrir "nem totalmente o mesmo, nem totalmente um outro..."[22] e em condições de levantar escolhas que, se eram até então impensadas, revelam-se, naquela situação, não ser impensáveis. É este movimento, creio eu, que Lacan tentou capturar ao afirmar que a psicanálise é uma "profilaxia da dependência"[23]: uma cena de ilusão que me permitirá, uma vez atravessadas a adesão e a dependência da transferência, renunciar viver em um papel que não é o meu ou que não me convém mais.

[22] VERLAINE, Paul. (1866) "Mon rêve familier". In: *Poèmes saturniens*. Paris: Le livre de poche, 1996. [Nota do tradutor: Vives parafraseia os seguintes versos: "Je fais souvent ce rêve étrange et pénétrant/ D'une femme inconnue, et que j'aime, et qui m'aime/ Et qui n'est, chaque fois, ni tout à fait la même/ Ni tout à fait une autre, et m'aime et me comprend." Em tradução livre: "Costumo ter este sonho estranho e penetrante/ Com uma moça desconhecida que amo e que me ama.../ A cada vez ela não é nem totalmente a mesma,/ Nem totalmente uma outra, e me ama e me compreende".]

[23] LACAN, Jacques. (1959-1960) *O seminário, livro 7: A ética da psicanálise*. Tradução de Antonio Quinet. Rio de Janeiro: Jorge Zahar Editor, 2008, p. 21.

Anexo

Reminiscências do professor Sigmund Freud[1]

por MAX GRAF

O ARTIGO de Freud,[2] "Personagens psicopáticos no palco", que agora torno público e que sai impresso pela primeira vez, foi escrito em 1904. Quatro anos antes, Freud tinha publicado sua Interpretação dos sonhos,

---

[1] Tomamos como referência o artigo inglês traduzido por Gregory Zilboorg, publicado na *The Psychoanalytic Quarterly*, 11:4, 1942, p. 465-476. [NdT]

[2] Estes comentários acompanham o texto de Freud, "Personagens psicopáticos no palco", publicado aqui por desejo do dr. Graf, a quem Freud doou o manuscrito muitos anos atrás. O tempo não parece ter diminuído o frescor dos afetos despertados pelo firme progresso científico de Freud e a subsequente adesão de Graf a este método científico. Os comentários do dr. Graf têm, portanto, interesse histórico. Vêm aqui publicadas como foram enviadas, sem qualquer supressão ou correção. A referência à Universidade de Toronto é um claro lapso de memória; queria dizer, evidentemente, Clark University, à qual Freud foi convidado por conta do vigésimo aniversário da instituição, em 1909. Freud, é claro, tinha oitenta anos, e não setenta, quando Hitler ordenou que seus livros fossem queimados. [Nota dos editores da revista]

onde lançou o alicerce para sua nova técnica psicanalítica. Ele desceu corajosamente às profundezas obscuras do "inconsciente". Pela primeira vez, trilhava intrépido seu caminho por entre afetos, moções psíquicas de afetivo, pulsões eróticas. Em um terreno onde até então o homem vira apenas arbitrariedade, obscuridade e ausência de leis, Freud descobriu leis e uma estrutura equilibrada. As imagens dos sonhos não eram mais o jogo arbitrário de um imaginário que, tão logo as luzes fossem apagadas, começava a sonhar coisas desinibidamente. Pelo contrário, estas imagens se concebiam de acordo com leis definidas; tinham um sentido que podia ser completamente estabelecido por meio de uma técnica científica. Acheronta movebo, "moverei o mundo inferior", escreveu o perspicaz investigador, cheio de orgulho e consciência de seu feito. Ele escolheu esta frase como lema de seu livro. E moveu, de fato, este mundo subterrâneo — com mão firme, sem temer convenções ou resultados dolorosos. Os mecanismos deste mundo subterrâneo foram descritos e explicados cientificamente.

Desde os primórdios, Freud aplicou seu método de investigação do inconsciente a diferentes campos da vida psíquica. Primeiro, estudou o chiste; logo voltou sua atenção aos produtos da imaginação artística e, mais tarde, às religiões, mitos, à formação da civilização humana, ao micro e ao macrocosmo, ao mundo e ao homem. Todo era, para Freud, uma unidade. Ele via em toda parte a mesma organização de inconsciente e consciência, inibição e repressão, os afetos e suas influências de dentro, a transformação de instintos e paixões em sintomas e imagens, o poder essencial das pulsões eróticas na vida humana. A imagética do sonho, do mito, dos símbolos da religião: todas estavam interligadas. Segundo Freud, as cerimônias do rito divino têm o mesmo conteúdo dos atos obsessivos de neuróticos e das ações aparentemente insignificantes, não tão estranhas, da pessoa saudável. Havia significado e sentido em tudo. O inconsciente do homem se desenvolvia e funcionava exatamente da mesma maneira que o inconsciente em curso no desenvolvimento da humanidade como um todo. Era uma parte do passado que os novos deuses haviam lançados às profundezas e que, nos movimentos da superfície da terra, pelos terremotos e erupções vulcânicas, tentavam se libertar.

Freud tinha uma ânsia especial em submeter a Tragédia à investigação psicanalítica. Seu ponto de partida para a investigação da psique foi Édipo. O comportamento do Édipo grego, Freud o considerava típico das funções do inconsciente. Ele analisou o amor pela mãe e o ódio ao pai, e considerou-os as motivações primárias do desenvolvimento sexual da humanidade. Em sua Interpretação dos sonhos, Freud foi da análise de Édipo à do Hamlet de Shakespeare. Aqui, ele descobriu as mesmas motivações psíquicas que havia encontrado na tragédia de Sófocles. Também aqui, o amor pela mãe e o ódio ao pai (o complexo de édipo) haviam se transformado numa complicada forma de neurose, recorrendo a formas modernas de inibição psíquica e resistências. Bastava um pequeno passo para ir da interpretação psicanalítica de personagens individuais do teatro para a investigação psicanalítica do próprio teatro e da tragédia. O artigo profundo sobre personagens psicopatológicos no palco está conectado de forma lógica aos estudos e ideias que Freud ampliou em sua Interpretação dos sonhos.

Conheci Freud no mesmo ano em que ele publicou a Interpretação dos sonhos (1901) — em outras palavras, no ano mais importante e decisivo de sua vida. Na época, Freud estava tratando uma senhora que eu conhecia. Depois das sessões com Freud, esta senhora me contava daquele tratamento incrível baseado em perguntas e respostas. A partir dos relatos destas entrevistas, tomei conhecimento da nova forma de abordar fenômenos psíquicos, do desvelamento artístico do tecido do inconsciente e da nova técnica de análise dos sonhos. Estas novas ideias, que me afetaram e fomentaram em mim uma fermentação psíquica, despertaram meu interesse sobre o novo investigador. Quis conhecê-lo pessoalmente. Fui convidado a visitá-lo em seu consultório.

Freud tinha 44 anos à época. Os pelos bastante escuros de seu cabelo e barba começavam a mostras traços grisalhos. O mais impressionante naquele homem era a expressão de seu rosto. Seus olhos bonitos eram sérios e pareciam encarar o homem nas profundezas. Havia algo de desconfiado naquele olhar; mais tarde, a amargura apareceria neles também. Havia algo de artístico na cabeça de Freud: era a cabeça de um homem de imaginação. Não recordo mais sobre o que conversamos neste primeiro encontro. Foi amigável e simples, como sempre. Suponho que meu interesse por suas teorias foi o motivo para que eu fosse convidado a voltar e logo me vi parte do círculo de seus primeiros pupilos, mesmo não sendo médico, mas escritor, um crítico musical.

As teorias de Freud despertavam então sua primeira oposição ferrenha. A ciência oficial da época não queria saber de Freud. O líder dos médicos vienenses era Wagner-Jauregg, professor na Universidade, um homem que, por sua constituição e forma de pensar, era incapaz de compreender as ideias de Freud. Para Wagner-Jauregg, o sofrimento psíquico decorria somente do sofrimento físico, algo a ser tratado apenas por meios físicos. Freud, por outro lado, buscava encontrar uma maneira de tratar os estados neuróticos por meio de uma abordagem psicológica. Ele ensinava o paciente a analisar sua própria vida psíquica e a juntar pontas confusas. Já Wagner-Jauregg procurava melhorar as funções corporais de modo a curar o paciente.

Conheci pessoalmente este grande homem que "jogou contra" Freud. Ele tinha traços de origem camponesa: de ombros largos, jeitos lentos e pesados, muito forte, era bastante taciturno. Enquanto examinava seus pacientes, mostrava-se grosseiro e rabugento com frequência. Entretanto, também aprendi a vê-lo como um homem bondoso, por mais que ele de bom grado escondesse este lado de sua personalidade sob um exterior rude. Era difícil imaginar um contraste maior do que o de Freud e Wagner-Jauregg. Freud era uma pessoa de espírito e grande imaginação: ele via no psiquismo do doente as mesmas forças que operavam na pessoa saudável — não apenas a alma, mas forças psíquicas e mecanismos psicológicos. Wagner-Jauregg era um médico para quem o corpo e o corporal ocupavam um lugar central, para quem o psíquico era somente uma expressão do corpóreo. Com base nesta perspectiva, Wagner-Jauregg descobriu o tratamento da paralisia geral usando malária, umas das maiores descobertas criativas da medicina moderna. Ele tratava os pacientes com paralisia geral produzindo uma febre artificial e, desta maneira, curava o psiquismo doente. Freud não queria saber de qualquer tratamento físico para doenças psíquicas. Uma vez expressa a opinião de que a relação íntima entre corpo e alma permitia acreditar em termos teóricos que as doenças mentais pudessem ser tratadas com medicamentos, isto é, por uma abordagem fisiológica, Freud fazia notar que isso era possível em termos teóricos, mas não práticos: que não havia como abordar o psiquismo pelo corpo, que era preciso abordar o psiquismo apenas psicologicamente.

Assim jaziam Freud e Wagner-Jauregg, cada um em seu mundo, cada um realizando grandes feitos. Muito tempo depois, Wagner-Jauregg reconheceu que as ideias de Freud continham, em parte, algo de valioso. Quando conheci Freud, os dois eram oponentes, e Freud teve que esperar outros vinte anos antes de — já mundialmente famoso e com 64 anos de idade — tornar-se professor da Universidade de Viena, na qual Wagner-Jauregg era a figura mais proeminente.

Os neurologistas eram inimigos de Freud. A sociedade vienense ria dele. Naquela época, quando alguém mencionava o nome de Freud em alguma reunião em Viena, todos caíam na gargalhada, como se tivessem contado uma piada. Freud era o camarada esquisitão que tinha escrito um livro sobre sonhos e que se tomava por intérprete de sonhos. Mais do que isso, ele era o homem que via sexo em tudo. Era considerado de mau-gosto trazer à baila o nome de Freud na presença de senhoras. Elas coravam quando o nome dele era mencionado. As menos sensíveis falavam de Freud rindo, como se estivessem contando uma história obscena. Freud tinha total ciência da oposição naquela parte do mundo. Fazia parte do retrato psíquico por ele descrito. Era a manifestação da mesma força que governava tantas moções psíquicas no inconsciente e que, consequentemente, erguia-se agora contra qualquer tentativa de descoberta.

Com convicção e certeza, Freud persistiu em suas vias. Ele trabalhava da manhã à noite, dava aulas na Universidade, sentava-se à escrivaninha, escrevia livros inteiros e deixava seus pacientes lhe contar suas histórias. Fumando seus charutos, escutava as associações livres dos pacientes, seus sonhos e fantasias. A vida psíquica inconsciente se afigurava para ele tão pouco misteriosa quanto uma floresta escura para um bom caçador: ele conhecia cada canto e vereda. O montante de energia espiritual que Freud precisava para a escuta diária das histórias de seus pacientes e para a interpretação da tensão psíquica delas era imensa.

A vida de Freud com sua família e seu convívio com os amigos lhe forneciam o descanso necessário. Aos domingos à tarde, costumava ir à casa da B'nai B'rith, onde jogava Tarock, o carteado vienense. Foi aqui, nas reuniões da B'nai B'rith, que Freud deu suas primeiras palestras sobre a interpretação dos sonhos. Fosse falando a especialistas ou a leigos, Freud era um orador brilhante. As palavras lhe saíam fácil, com naturalidade e clareza. Nos assuntos mais difíceis, falava como escrevia, com a imaginação de um artista, usando comparações com os mais variados campos do conhecimento. Animava suas palestras com citações dos clássicos, especialmente do Fausto, de Goethe. Freud gostava em especial de nos contar diferentes episódios de suas viagens. Costumava passar o verão em Altaussee, no meio dos Alpes. Seu passatempo predileto durantes essas férias de verão era procurar cogumelos nos bosques.

Aos poucos, Freud reuniu em torno de si um círculo de pupilos interessados e inspirados. Certo dia, surpreendeu-me anunciando que gostaria de realizar uma reunião semanal em sua casa; entre os presentes, queria não apenas seus pupilos, mas também algumas personalidades de outros campos de atuação intelectual. Falou-me de Hermann Bahr, escritor que, à época, era o líder dos artistas modernos de Viena, com uma sensibilidade aguçada para todas as novas tendências intelectuais. Freud queria ter suas teorias discutidas de todas as perspectivas possíveis. Perguntou-me se tal empreendimento me interessava. Foi assim que, por muitos anos, fui membro do grupo de amigos que se reunia às quartas-feiras na casa de Freud. A maior parte do grupo era, naturalmente, composta por médicos que tinham familiaridade com a nova psicologia freudiana. Havia poucos escritores, eu, que era crítico musical, e Leher, esteta musical do Conservatório de Viena. Assumi a tarefa de, usando da psicanálise, investigar a psicologia dos grandes músicos e os processos de composição.

Nós nos reuníamos no consultório de Freud todas as quartas à noite. Freud se sentava à ponta da longa mesa, ouvia, participava da discussão, fumava seu charuto e sopesava cada palavra dita com um olhar sério e investigativo. À sua direita sentava-se Alfred Adler cuja fala transmitia certeza por sua compostura, sinceridade factual e sobriedade. À esquerda de Freud sentava-se Wilhelm Stekel, homem a quem Freud mais tarde publicou críticas agudas, mas que àquela época era ativo e rico em ideias. Dos médicos do círculo de Freud, conheci Paul Federn, um dos pupilos mais leais que representa satisfatoriamente as tendências ortodoxas da escola de Freud.

Os encontros seguiam um ritual bem definido. Primeiro, um dos membros apresentava um trabalho. Em seguida, serviam café e bolos; havia charutos e cigarros sobre a mesa, os quais eram consumidos em grandes quantidades. Depois de uns bons 15 minutos de social, a discussão começava. A última e decisiva palavra sempre era proferida pelo próprio Freud. Pairava um clima de fundação de uma religião naquela sala. Seu novo profeta era o próprio Freud, que fazia os métodos de investigação psicológica vigentes até então parecerem superficiais. Os pupilos de Freud — todos inspirados e persuadidos — eram seus apóstolos. Apesar de o contraste entre as personalidades dos pupilos ser grande, todos neste período inaugural da investigação freudiana estavam unidos em sua inspiração e respeito por Freud.

Nestas reuniões das quartas-feiras, apresentei trabalhos sobre os processos psicológicos de composição de Beethoven e Richard Wagner. É surpreendente quanto a nova psicologia de Freud se mostrou útil na análise do trabalho artístico e criativo. Os mecanismos do sonho e da fantasia artística eram similares; o inconsciente e a consciência agiam em conjunto de acordo com as leis formuladas por Freud; o jogo e contrajogo de afetos, inibições e transformação de afetos tornaram-se todos inteligíveis. Um dia, levei a Freud uma tentativa de análise de O holandês voador, de Richard Wagner. No trabalho, conectava o imaginário poético de Wagner com suas impressões infantis. Freud me disse que não devolveria o trabalho (o primeiro deste tipo): ele o publicou em seus Escritos sobre psicologia aplicada (lançado em Viena, pela Deuticke).[3] Em outro livro, intitulado O ateliê interior do músico[4] (publicado por Ferdinand Enke, em Stuttgart), fiz uso das teorias freudianas para a interpretação do trabalho criativo musical.

Comparei os encontros na casa de Freud com a fundação de uma religião. Ora, depois do período idealista inaugural e da fé inquestionável do primeiro grupo de apóstolos, veio o momento em que a igreja estava fundada. Freud começou a organizar sua igreja com grande entusiasmo. Ele era sério e estrito nas exigências que fazia a seus pupilos, não permitia desvios de seu ensinamento ortodoxo. Subjetivamente, é claro que Freud tinha razão pois aquilo pelo que tanto trabalhara com ímpeto e disciplina, e que ainda precisava ser defendido contra a oposição de todo mundo, não podia se tornar inócuo por conta de hesitação, enfraquecimento ou ornamentações insípidas. Por bondoso e gentil que fosse em sua vida privada, Freud era duro e implacável na apresentação de suas ideias. Quando era sua ciência que estava em xeque,

---

[3] Trata-se da coleção *Schriften zur angewandten Seelenkunde*, organizada por Freud. O trabalho de Graf, publicado em 1911, tem por título "Richard Wagner im "Fliegenden Holländer": ein Beitrag zur Psychologie künstlerischen Schaffens" ("Richard Wagner em *O holandês voador*: uma contribuição para a psicologia da criação artística"). [NdT]

[4] GRAF, Max. *Die innere Werkstatt des Musikers*. Stuttgart: F. Enke, 1910. [NdT]

ele podia romper com seus amigos mais íntimos e confiáveis. Considerando-o o fundador de uma religião, podemos pensar nele como um Moisés furioso, imperturbável diante das preces, um Moisés como o que Michelangelo arrancou à pedra e trouxe à luz, e que pode ser visto na igreja de San Pietro in Vincoli, em Roma.

Enquanto isso as teorias de Freud se espalharam ainda mais pelo mundo. Elas foram um verdadeiro agente fermentador, não apenas na ciência, mas também em literatura, em questões teológicas, em mitologia. Em toda parte, seus seguidores tinham que lidar com conflitos e animosidades, com a rejeição à interpretação sexual dos afetos, com resistências a uma teoria que se esforçara em descobrir o que mal e mal estava recalcado. Por outro lado, novos e inspirados adeptos apareceram em toda parte, novos pupilos, novos apóstolos. Certo dia, Freud trouxe a nosso círculo um médico alto e bonito da Suíça. Freud falou dele com grande simpatia: tratava-se do professor Jung, de Zurique. Outra vez, ele apresentou um cavalheiro de Budapeste, o doutor Ferenczi. Ramos da igreja freudiana foram lançados em todas as partes do mundo. A América demonstrou um interesse particularmente grande nesta nova psicologia e foi uma honra especial o convite da Universidade de Toronto feito a Freud para dar várias palestras. Quando Freud regressou a Viena, ele apresentou em nosso encontro de quarta-feira uma descrição vívida da América e de suas experiências no Novo Mundo.

O círculo original de apóstolos vienenses começou a perder sua importância para Freud, especialmente porque o mais talentoso de seus pupilos se afastou para seguir seu próprio caminho; foi Adolf Adler que, numa série de excelentes discussões sobre suas visões, defendeu tranquila e firmemente a seguinte perspectiva: Freud havia criado uma nova técnica, produto de um gênio verdadeiro; esta técnica era uma nova ferramenta de trabalho investigativo que todo médico deveria usar em suas pesquisas independentes. Ele comparou a técnica freudiana de exploração do inconsciente à técnica de grandes artistas, técnica da qual os pupilos deveriam se apropriar, mas adaptar para suas personalidades. Rafael usou a técnica de Perugino, mas não copiava Perugino.

Freud não lhe deu ouvidos. Ele insistiu que havia somente uma teoria e que, se alguém seguisse Adler e abandonasse a sexualidade como fundamento da vida psíquica, não seria mais freudiano. Em suma, Freud — como chefe da igreja — baniu Adler; ele o expulsou da igreja oficial. No espaço de poucos anos, vivi o desenvolvimento completo da história de uma igreja: dos primeiros sermões a um pequeno grupo de apóstolos à contenda entre Arius e Athanasius.[5]

Eu não me senti apto a decidir participar da contenda entre Freud e o grupo de Adler. Eu admirava o gênio de Freud. Adorava sua simplicidade humana, a ausência de vaidade de sua personalidade científica. Além disso,

---

[5] Referência às disputas teológicas que tiveram por palco o arcebispado da Alexandria, nos primórdios da Igreja (séculos III e IV). Arius, ou Ário, foi o padre heresiarca que, liderando o movimento antitrinitário que ficou conhecido como "arianismo", teve como principal opositor Athanasius, ou Atanásio, defensor da consubstancialidade entre Pai, Filho e o Espírito Santo, isto é, que os três partilhavam da mesma *ousia*, a mesma essência. [NdT]

desenvolveu-se um contato pessoa entre Freud e minha família, o que tornava o calor humano de Freud especialmente valioso. Na ocasião de uma de suas visitas, a conversa tocou no ponto da questão judaica. Freud tinha orgulho de pertencer ao povo judeu, que dera a Bíblia ao mundo. Quando meu filho nasceu, cogitei se não devia preservá-lo do ódio antissemita vigente, que à época era pregado em Viena por um homem bastante popular, o doutor Lueger. Eu não sabia bem se não seria melhor que meu filho nascesse no seio da fé cristã. Freud me aconselhou a não fazer isso. "Se você não permitir que seu filho cresça como judeu", disse ele, "você irá privá-lo de fontes de energia que não poderão ser substituídas por nada. Ele terá que lutar por ser judeu e você deverá criar nele toda energia de que ele necessitará para essa luta. Não o prive desta vantagem."

Quando Gustav Mahler se tornou diretor da Ópera de Viena, Freud já era um admirador de sua energia e grandeza. Freud era um homem de grandes sensibilidades artísticas, mas, para seu grande desgosto, era pouco musical. Era a energia espiritual e pessoal de Gustav Mahler o que ele admirava.

Freud participou muito calorosamente de todos os eventos de família em minha casa, e isto apesar do fato de eu ainda ser jovem e ele já não tanto, com seus maravilhosos cabelos pretos ficando grisalhos. Na ocasião do aniversário de três anos de meu filho, Freud lhe trouxe de presente um cavalinho de balanço que carregou sozinho pelos quatro lances de escadas que levavam à minha casa. Freud sabia conviver com as pessoas: era uma pessoa com sentimentos sociáveis. Ele tinha por regra fundamental sempre tratar ao menos um paciente sem compensação financeira. Era sua maneira de fazer trabalho social. Freud era uma das pessoas mais cultas que conheci. Ele conhecia os escritos mais importantes dos poetas. Conhecia as pinturas dos grandes artistas, as quais estudou nos museus e igrejas da Itália e da Holanda. Apesar de suas inclinações artísticas e da natureza romântica de sua investigação do inconsciente, ele correspondia ao tipo perfeito do cientista. Sua análise do inconsciente era racionalista. Seu tornar consciente o inconsciente, método por ele criado, a transformação dos afetos — ele realizava e controlava esses processos pela razão. Freud não queria saber de metafísica. Não tinha pendor para a filosofia. Com frequência me peguei surpreso pela severidade com que ele rejeitava qualquer tipo de metafísica. Ele era positivista até a medula. Ficou muito surpreso quando lhe indiquei passagens da Antropologia de Kant e dos escritos de Leibniz em que o inconsciente era debatido. Leibniz era, para falar rigorosamente, o descobridor das ideias inconscientes.

 Freud tinha um interesse especial pela história dos povos e culturas antigos. Em seu escritório, havia uma caixa de vidro repleta de objetos gregos e egípcios, alguns que havia comprado e outros, ganhado de presente. Ele mesmo traía seu interesse pelas escavações de sua própria psique. Sua profissão era escavar o passado do psiquismo dos pacientes. Ele trazia à luz muitas coisas quando estudava psicanaliticamente os seres humanos, coisas antigas que teriam permanecido não descobertas e escondidas nas camadas profundas do psiquismo humano. Descobriu os mesmos símbolos representados no escaravelho egípcio ou num falo de bronze que, para esse intérprete dos símbolos eróticos, tinham especial interesse.

Um dos traços mais gentis da personalidade de Freud era seu amor por piadas. Ele gostava de animar a conversa e mesmo suas palestras com várias piadas e anedotas. Valorizava em especial piadas com gírias do humor judeu popular. Elas o interessavam não apenas pelo jeito reto e direto do patoá, mas por sua honestidade e sabedoria de vida inerente. Como é sabido, na esteira da descoberta do significado do imaginário aparentemente sem sentido dos sonhos, Freud dedicou um livro à análise das relações do chiste com o inconsciente.

Não havia nenhum campo do espírito humano e da história que Freud não tivesse abordado com o olhar perspicaz de investigador. Não houve um campo que não tenha enriquecido com seu novo método de reflexão. Ele era um descobridor e um investigador nato, e tinha a imaginação de um artista. O melhor dos pupilos de Freud não se compara a essa imaginação criativa e gênio verdadeiro. Adler tinha clareza, compostura e um feeling psicológico agudo: ainda assim, seguiu seu caminho a passos lentos, sempre ensaiando. Ele permaneceu na superfície da terra. Diferentemente de Freud, nunca se alçou aos céus em voos de imaginação, tampouco cavou grandes poços nas entranhas da terra. Quanto a mim, não podia e não queria me submeter aos "faça isso" e "não faça aquilo" de Freud — com os quais certa vez ele me confrontou — e não me restou outra alternativa senão me retirar do círculo.

Mais tarde, é claro, expressei minha admiração por Freud em um artigo, na ocasião de seu aniversário de setenta anos. Neste artigo, enquanto os destruidores da cultura alemã em Berlim queimavam tantos grandes livros, e dentre eles os escritos de Freud, tentei mostrar como as ideias de Freud tinham relação não apenas com as de Leibniz, mas também com as do romantismo alemão, cujos médicos e escritores iniciaram suas pesquisas com sonambulismo e hipnose. É muito natural que uma mansão tão grande quanto a construída por Freud tenha grandes fundações.

Àquela época, tive a oportunidade de conversar outra vez com Freud, mas o achei desconfiado, amargo e irritado. Seus ensinamentos tinham se espalhado por todo mundo, haviam se tornado um elemento importante da pesquisa psicológica moderna. "Consciência", "inconsciente", "recalque", "inibição" tinham se tornado palavras de ordem. Mesmo os filmes bordavam seu lixo com ideias de Freud e, certo dia, lemos nos jornais que uma empresa de cinema americana queria contratar os serviços de Freud. Sua glória havia se tornado tão grande que eles queriam obter o valor publicitário de sua presença em Hollywood. Um grande montante de dinheiro foi oferecido, mas Freud o recusou. Como estava mudado aquele mundo em relação ao dos dias em que o pequeno grupo de pupilos se reunia na casa de Freud todas as quartas à noite. O mundo espiritual e científico pertencia a Freud. Só Albert Einstein exercia uma influência parecida enquanto cientista.

Como memória desses dias que tive a honra de acompanhar parte da trajetória do grande acadêmico, guardei o manuscrito que agora ofereço. Freud o deu a mim e eu agora o apresento a um mundo em que as ideias de

Freud se tornaram parte do ar espiritual que respiramos.
O manuscrito original apresenta quatro páginas grandes escritas por Freud numa caligrafia que denuncia energia, determinação e liberdade artística. O manuscrito foi claramente escrito em uma sentada. Os pensamentos fluíram livremente da caneta e, apesar de sua agudeza e elaboração, possui poucas correções e nenhum sinal de interrupção. O artigo foi escrito da maneira que Freud falava, fluentemente, com grande vivacidade, com a alegria de improvisar e de expressar ideias agudas e independentes. Como Freud nunca retomou o tema, o artigo tem especial importância.

Pude, algumas vezes, me deter admirado no museu arqueológico de Atenas, tentando imaginar como um simples fragmento de mármore de uma estátua grega era capaz de refletir a grandeza total da arte grega. Da mesma forma, é possível ver revelada neste artigo esboçado claramente às pressas — e que, sem dúvidas, representa apenas um primeiro rascunho — toda a grandeza de Freud.

Este livro foi impresso em novembro de 2022
pela Gráfica Paym para Aller Editora.
A fonte usada no miolo é Source Serif Pro, corpo 10,5.
O papel do miolo é Pólen Soft LD 80 g/m².